U0520599

有效说服

The Soulful Art of Persuasion

［美］贾森·哈里斯（Jason Harris） 著

杨婷 译

中信出版集团｜北京

图书在版编目（CIP）数据

有效说服 /（美）贾森·哈里斯著；杨婷译 .
北京：中信出版社，2025.6. -- ISBN 978-7-5217-7538-9

Ⅰ．H019-49

中国国家版本馆 CIP 数据核字第 20257QU381 号

The Soulful Art of Persuasion by Jason Harris
Copyright ©2019 by Jason Harris
This translation published by arrangement with Currency,
an imprint of Random House, a division of Penguin Random House LLC
Simplified Chinese translation copyright ©2025 by CITIC Press Corporation
ALL RIGHTS RESERVED
本书仅限中国大陆地区发行销售

有效说服

著者：　　[美]贾森·哈里斯
译者：　　杨婷
出版发行：中信出版集团股份有限公司
　　　　　（北京市朝阳区东三环北路 27 号嘉铭中心　邮编　100020）
承印者：　三河市中晟雅豪印务有限公司

开本：880mm×1230mm 1/32　　印张：9.5　　字数：203 千字
版次：2025 年 6 月第 1 版　　　　印次：2025 年 6 月第 1 次印刷
京权图字：01-2020-1350　　　　　书号：ISBN 978-7-5217-7538-9
　　　　　　　　　　　　　　　　定价：58.00 元

版权所有·侵权必究
如有印刷、装订问题，本公司负责调换。
服务热线：400-600-8099
投稿邮箱：author@citicpub.com

献给那些奋斗在追求触及灵魂的成功之路上的人

目 录

前　言 / 01

原则一：独创性

第一章　转身面对陌生人 / 003

品格为王 / 009

灵魂窥视秀 / 010

如何拥有更多真实互动 / 015

寻找榜样并展开研究 / 018

为什么"自信一些"是个可怕的建议 / 019

说真话时要有力度 / 021

成为超胆侠要师出有名 / 024

小结 / 025

第二章　讲故事的说服力 / 027

从总统到巴黎：通过故事影响他人 / 031

Kiss 乐队如何通过讲故事火遍全世界 / 034

故事通过神移使人信服 / 036

用故事传递价值观：华特·迪士尼的警世寓言 / 038

如何通过讲故事说服他人 / 044
　　如何成为一名出色的故事讲述者 / 047
　　小结 / 054

第三章　永远不要执着于成交 / 055
　　为什么"一定要成交"总是个错误 / 058
　　别做一个品牌，做一个真实的人 / 060
　　两个品牌的故事 / 062
　　不要浪费你的人性 / 064
　　让交易见鬼去吧 / 065
　　放长线钓大鱼 / 066
　　推销是自欺欺人 / 069
　　"网红"并非徒有虚名 / 071
　　如何放长线 / 072
　　小结 / 087

原则二：慷慨

第四章　自我奉献 / 093
　　给予让我们具备人性 / 097
　　习惯性慷慨的益处 / 100
　　如何变得慷慨：每次互动都要有所付出 / 102
　　慷慨速成课 / 108
　　小结 / 109

第五章　积极性的力量 / 111
　　积极性的结果 / 115

积极性具有感染力 / 118

啤酒测试 / 120

乔·拜登是如何说服我的 / 121

如何利用积极性的力量 / 126

小结 / 132

第六章　只需一点儿尊重 / 135

尊重他人：成为可靠的人 / 141

尊重时间：失传的"处在当下"的艺术 / 143

如何在数字世界中分配你的注意力 / 145

尊重你的错误：承担责任 / 149

小结 / 154

原则三：同理心

第七章　不是我，而是我们 / 159

同理心带来的影响：乔治·奥威尔和内莉·布莱 / 163

被右翼（和左翼）蒙蔽 / 166

自然地对他人感到好奇 / 167

多倾听，少评判 / 171

小结 / 176

第八章　合作的必要性 / 179

合作带来自我说服 / 182

百事可乐如何邀请观众登上世界最大舞台 / 185

如何合作 / 189

小结 / 196

第九章　共同点 / 199

打破藩篱的好处 / 202

社会认同 / 205

一美元剃须俱乐部如何用共同点击垮行业巨头 / 208

控制内克尔立方体 / 211

如何找到共同点 / 214

小结 / 216

原则四：触及灵魂

第十章　技能训练的重要性 / 221

高技能人才更具说服力 / 224

转向技能训练 / 231

知其然，更要知其所以然 / 233

有技巧地生活的艺术 / 234

小结 / 241

第十一章　鼓舞他人 / 243

鼓舞是如何起作用的 / 246

打破旁观者魔咒 / 248

广告人也能做一些好事 / 254

通过个人权威施加影响 / 256

如何鼓舞他人 / 257

小结 / 263

结　语 / 267

　　为什么说服很重要 / 268

　　再谈品格 / 269

　　当今时代需要触及灵魂的说服 / 270

致　谢 / 273

注　释 / 275

前　言

我们已经很难知道究竟谁值得信赖了。

如今，只要面对着屏幕，假公愤、假新闻、网络诈骗、弹窗广告或者诸如此类的其他网络蠢行便扑面而来。人们对政府和主流媒体的信任度已经接近历史低点。[1] 如果有人曾经盲目地信任像脸书①和谷歌这样的硅谷巨头，那么他们现在不再相信了。[2] 大多数美国人甚至不相信民意调查——至少从一项民意调查的结果来看，事实正是如此。[3]

处于一个没人有理由相信你的环境中，所有人都在积极寻找疑点，那么你该如何说服他人？这就是我在职业生涯中努力应对的挑战，因为有一点显而易见：美国人绝对不相信干我这一行的人。

作为创意广告公司 Mekanism 的首席执行官，我的职业是世界上最不受信任的职业之一。盖洛普的一项调查显示，人们认为只有

---

① 现已改名为 Meta。——编者注

二手车推销员和国会议员的狡诈程度超越了广告从业者。[4]那是些非常值得怀疑的人。

这些看法在很大程度上透露了现代社会中影响力的本质,因为如果说以上三种职业有一个共同点,那便是:它们都存在于立足说服力的行业。当想象那些通过说服他人而谋生的人时,你的脑海中会蹦出两类人。

一类是狡猾的、口若悬河的、善于摆布他人的人,他们会处心积虑地欺骗我们,就像普利策戏剧奖获奖作品《拜金一族》中那个不择手段的房地产经纪人一样。这些人为了达成一桩交易,会花言巧语说尽你想听的话。他们依靠含糊的承诺、语言花招儿和不起眼的合同细则来隐藏真相。令人心烦的是,他们不断地叫着你的名字,好像与你早有交情一般。他们故意表现得毫无恶意,自我意识过强,工于算计,曲意逢迎,总之,没有灵魂。没有人想从这样的人那里购买任何东西,他们让我们想要随便找个理由回绝。

另一类人是空想家和夸夸其谈者,他们绝对肯定自己的观点,而且觉得所有和自己想法不一致的人要么很愚蠢,要么很危险。想想那些有线新闻频道的拥护者、"网络喷子"、华盛顿的游说者,还有广播电台谈话节目里的伪知识分子。在美国的政治圈的每一个角落,都可以找到这样的人。他们无法说服那些尚未接受与他们完全相同的世界观的人。

作为广告业的领先从业者,我发现自己每天都要面对这些偏见。然而,我仍然设法通过说服力成就了一番事业——比如帮助商家说服消费者购买某些产品和服务,说服客户雇用我们并达成长期合作，说服求职者加入我们，或者说服现有员工把工作做到最好。尽管在广告业进行说服会遇到你能想象的最严格的审查，但我依然成功做到了。

我的秘诀是什么？好吧，我只是发现了一个适用于当今现代世界的解决方案：不要做虚情假意的推销员，或者进行所有人都小心提防的欺骗性自吹自擂，要反其道而行之。做一个让人们信任和产生共鸣，甚至有时能感动他们的人。

换句话说，你必须触及灵魂。

这就是《有效说服》这本书背后的驱动理念。它基于一个简单的观察，即某个人能否说服我们，与他们使用的具体言辞或者采取的立场几乎毫无关系，而是取决于他们究竟是哪种人。

有说服力的人并非善于利用甜言蜜语哄骗听众的人，也不是精于琢磨人们爱听哪些话的人。相反，他们是我们想要认同的人。无论情境如何，他们都具备吸引我们与其统一战线并予以信任的品质。他们的说服力源于他们的灵魂。

其结果是影响力的一种形式，与单纯的讲道理相比，它强有力得多。逻辑论证迫使我们接受某个结论，不管我们喜欢与否，但是触及灵魂的说服会吸引我们接受某种观点。真正的说服在于吸引，而非坚决主张。它实际上可以通过练习被掌握，并固化成一种习惯。

我并不打算教你一些关于达成交易或者快速销售的技巧。我将向你展示如何培养特定的个人习惯，使他人信任你、向你寻求建议并希望与你合作。

简而言之，我会告诉你如何培养更具说服力的品格。

品格是人们在思想、情绪反应和行动中一贯表现出来的特质、性格和美德的集合，是反映我们是谁的品质。培养具有说服力的品格意味着获得特定的性格特征、思维习惯和个人习惯，一旦真正将它们内化于心，你无疑就会成为一个更具影响力的人。

四大原则

能让你具有说服力的个人特质分为四大类。

首先，有说服力的人具有独创性。当他们说话时，你能感觉到他们的可靠与诚实，你看到的是真实的、独一无二的他们，而不是早有预谋、只为取悦你的人。对于拥有这种美德的人而言，他们思想和行为的驱动力源于对自己本质的深刻理解、始终坚持做自己的态度，以及给予笃定的长期承诺的决心。他们的动机绝不会是对短期利益的渴望。

其次，有说服力的人是慷慨的。他们惯于奉献，从不期待回报。我说的不只是金钱或实物礼品。有说服力的人也会慷慨地给予建议、机会、引荐、尊重和正向情绪。你永远不会觉得他们只为自己着想。

再次，有说服力的人有同理心。他们自然而然地对他人感到好奇，并且能发起引人入胜的交谈，能透过东拉西扯的闲聊深入探究对他人而言真正重要的话题。这类人都是娴熟的合作者，他们的人生态度强调人与人的共性，而非彼此之间的差异。

最后，有说服力的人可以触及灵魂。他们坚守自我道德和个人标准，始终努力做到更好，并激励他人超越自己的极限。他们会让周围的人受到鼓舞。因此，他们拥有个人权威，这使他们自然地具有影响力。

我将详细探讨这四大原则，同时聚焦于这些大原则中的11个具体习惯，说明它们对说服力起了什么作用，以及我们该做哪些事情来培养和加强它们。

我的目标是帮助你将某些特性、观点和倾向融入你的生活方式，让它们变成一种本能反应、一种习惯，并成为你的一部分。这样一来，当你表现出同理心、慷慨或者触及灵魂的能力之时，你周围的人就会明白你的品格，即使这种认识是无意识的。

由于每个人的天然优势和劣势各不相同，你可能会发现后文中某些章节比其他章节更有用处。例如，天生充满同理心的读者不需要花费太多时间去强化他们品格中的这一方面。

使用本书的最佳方法莫过于对自己坦诚，确定需要花费最多精力才能养成的品质是什么，并专注于完成让你受益最多的练习。

让说服触及灵魂

"说服"并不是一个暖心的词。它有点儿意味深长，而且大多数人将它与欺骗或某种形式的胁迫联系在一起。毫无疑问，说服有可能是消极的。事实上，你随处都可以看到它，比如贩卖恐惧、政治攻击广告和"我们对抗他们"的说辞，形式各异。我所从事的广告业，无疑也对说服的口碑崩坏负有一定责任。

但说服也可以是积极的、鼓舞人心的——可以是触及灵魂的。

如果你努力变得有独创性、慷慨、富有同理心，也能够触及灵魂，你的人生就将更有价值和意义。你也将成为一个更加快乐、更加积极的人，拥有更令人满足的经历。

这些性格特质也会让你在各类情况下都变得更具影响力，这在很大程度上是一个附带的好处。但它并没有改变一个事实，即对于那些希望在家庭、职场和朋友圈，甚至在更广阔的世界中变得更有影响力的人来说，这些原则都至关重要。

当人们折服于你的品格时，他们通常也会被自己最好的意向激励。这包括他们对我们共同人性的认可，他们从不同角度看待事物的意愿，他们对可能性的意识，以及他们基于积极情绪采取行动的愿望。

美国目前充斥着政治两极分化、网上回音室效应[①]和部落主义[②]的文化是极度缺乏说服力的。为了超越分歧，找到更好的共同生活的方式，人们需要学会更好地说服彼此。

与此同时，品格变得比以往更为重要。得益于过去几年的文

---

① 回音室效应，指特定空间里的一种普遍现象，即人们只能看到强化其现有政治或社会观点的内容，而不会质疑它们，或者换一种方式思考。——译者注
② 部落主义，指人们对特定社会群体的忠诚，以及这种忠诚影响其行为及对他人态度的方式。——译者注

化转变，曾经被粉饰的各类歧视、厌女症①和种族主义现在引起了大家的关注。一个人的品格缺陷足以断送其职业生涯。这也更加证明，要想具备说服力，就必须将品格放在最重要的位置。

《有效说服》适合企业家、创业爱好者、高管、创意人才，以及所有希望利用说服力让同事、同龄人、客户、朋友或亲人赞同自己观点的人。毕竟，在某种程度上，我们所有人都在从事说服工作。

当然，你不能伪装成一个具有说服力的人，就像你不能伪装成一位优秀的古典钢琴家、罚球手或者神经外科医生一样。但所有人都能学会成为具有说服力的人。在20多年竞争激烈的广告从业生涯中，我必须学会成为一个这样的人。

你手里捧的这本书会帮助你达成同样的目标。

---

① 厌女症，指极度不喜欢女性，这种倾向经常来自不愉快的成长历程或其他经历。——译者注

原则一

独创性

当一个人真正具有说服力时，我们从不怀疑他们所说话语的真实性。即使不赞同他们，我们依然能够意识到他们代表着某种观点，而且他们不惧怕向我们展示自己的本质及价值观。

这些人更关心的是自我忠诚，而非仅仅与人达成一致，说服别人自己有多伟大，给老板留下好印象，做出额外的销售业绩，或者在某次争辩中压倒别人。这就是为什么成为最具独创性的、最真实的自我是说服力的重要组成部分。

很明显，做自己是不能作假的。如果你展现出真实的自我，人们便会更加愿意倾听你，相信你的话，并且在有争议的问题上支持你。

如果一个人拥有不容置辩的独创性，我们便会从内心深处感到他们值得托付忠心、忠诚，以及我们的事业。

第一章

转身面对陌生人

于是我转过身来面对自己,
但从未瞥见
旁人如何用眼分辨骗子,
我身手太快,无法一试。

——大卫·鲍伊,《改变》

我的偶像一直是大卫·鲍伊。据说奥斯卡·王尔德给过这样一条建议："做你自己，因为其他角色已经有人扮演了。"要说淋漓尽致地践行这句话，没有人能超越大卫·鲍伊。在投身音乐、时尚和娱乐行业的50多年里，鲍伊从未停止探索自己是谁，并通过重塑性别、融合音乐的创造力，不断寻找新方式去激励他人。最重要的是，作为一个榜样，他让我和其他许多人都坦然接受了这一点——成为奇怪而美好的自己并无不妥。他让所有人都能舒服地挣脱约束、放飞自我。

作为一名"80后"，我赶上了鲍伊作品的第二道和第三道浪潮。《一起跳舞》《中国女孩》《压力之下》是首批让我注意到鲍伊的经典曲目："让我们一起摇摆／色彩点亮你的面庞／让我们一起摇摆／摇摆着穿越人群抵达无人空间。"鲍伊深刻影响了我。他说服了我，因为他是独一无二的。他用他的故事说服了我。从那一刻开始，我不再夜不归宿，而是沉浸于鲍伊的作品中。他的专辑糅合了一系列令人惊讶的流派，从艺术摇滚到华丽摇滚，再到后朋克、电子乐、硬摇滚、爵士乐、新浪潮，可惜的是，甚至还有迪斯科。他无所不能。

痴迷于他的并非我一个人。毕竟，他是有史以来最畅销的唱片艺术家之一。没有他，就没有治疗乐队、U2 乐队、卢·里德、英国后朋克乐队 Joy Division、美国另类舞曲乐队 LCD Soundsystem，甚至没有流行女歌手 Lady Gaga。《滚石》杂志曾称他为"降临到这个世界或其他任何世界的有史以来最伟大的摇滚明星"。[1]

但是鲍伊主要的吸引力绝不仅仅在于《改变》或《灰飞烟灭》这些歌曲——吸引人的是鲍伊本身，或者是齐格·星尘①、阿拉丁·塞恩②、瘦白公爵③，又或者是他无穷无尽的人格之一。鲍伊原名大卫·罗伯特·琼斯，在成为巨星之前，他是一个苦苦挣扎的音乐家，在不同的乐队之间辗转不定，并快速创作出一系列无人购买的单曲。即使在将自己的名字改为大卫·鲍伊之后，他的第一张个人专辑依然没有成功——个中原因，很容易猜到。在那些年里，鲍伊仍在试图套入他认为合乎人们期望的现有类型。无论他翻唱蓝调歌曲还是演唱民谣，听起来都像是人们已经听过的东西。太熟悉了。

你猜怎么着？没人想和那样的大卫·鲍伊扯上关系。

---

① 鲍伊热爱在自己的音乐中扮演形象各异的虚拟角色，可以将其视为他在特定阶段的人格分身。他在一张概念专辑中塑造了齐格·星尘这个外星人摇滚巨星的形象，这也成为鲍伊一生中最重要的形象。——译者注
② 阿拉丁·塞恩是鲍伊塑造的精神分裂者人格形象。——译者注
③ 瘦白公爵也是鲍伊塑造的形象之一。——译者注

但到 1969 年，在 NASA（美国国家航空航天局）发射阿波罗 11 号之前几天，鲍伊发行了单曲《太空怪人》，这让他踏上了成为永久性改变流行文化格局的国际摇滚之神的道路。在接下来的 10 年里，他继续进行摇滚史上无与伦比的创造性撕裂。从专辑《出卖世界的人》到《年轻的美国人》《英雄》，再到弥留之际发行的令人难忘的杰作《黑星》，鲍伊不断重塑自我，吸收新想法，突破界限，并抓住每一次机会去挑战假设，甚至在离世之后依然如此。

这次复兴的时机并非偶然。从首张失败的个人专辑到《太空怪人》发行的两年里，鲍伊一直在发现新的影响力，探索艺术创作的新途径。他住在一座佛寺里，研究舞蹈、戏剧和哑剧，并帮助创建了一个实验性艺术研究室。[2] 他在寻找成为真正的自己并更好地表达自我的方法。他深入自己的内心，以便理解自己想要表达的内容，并说服我们所有人给予关注。

最重要的是，他确定了自己的愿景并学会始终对它怀有信念感。

他之所以成为一名让人无法抗拒的艺术家，是因为他并不想成为下一个米克·贾格尔或者鲍勃·迪伦。他在成为世界上第一个也是唯一一个大卫·鲍伊，一个以往类型根本无法概括的男人。他的风格既非蓝调也非流行音乐，既非迷幻乐也非灵魂乐；他非男非女，既非同性恋也非异性恋。他没有一个单纯的身份。他所做的一切的共同点在于，它们都源自大卫·鲍伊这个具有独创性的人。这就足够了。

成长在华盛顿特区旁弗吉尼亚州保守的费尔法克斯县的我会仔

细探究鲍伊的每张专辑、每句歌词、每个角色。在听鲍伊的歌时，我并非总能了解自己的感受，但我知道自己感受到了某种触及灵魂的东西。它比威猛乐队有趣得多！

发现鲍伊的时候，我已经是家里的半匹害群之马了。我的父母和很多亲戚都是老师和学者，他们根本无法理解我的兴趣。我不是个爱读书的人，而是一个脸皮厚的电视迷，痴迷于电视剧《霹雳游侠》和《最强美国英雄》。我也喜欢看在电视节目间隙播出的那些30秒小故事。我现在依然会回想起那时的一些广告场景和广告语，在我家早餐桌旁，我和妹妹曾无数次地重复这些广告语。即便是现在，当我准备去上班时，我还会发现自己在说童年时期唐恩都乐的广告语："是时候去做甜甜圈了！"① 我会分解这些老广告的每一个组成部分，从音乐到表演，再到导演，分析使它们发挥作用的原因。这支广告是不是在说服我购买他们正在叫卖的东西？对于一个12岁的孩子来说，这绝对不是正常的行为，在我身处的知识分子家庭更是如此。

大卫·鲍伊告诉我，古怪并不是一个要去对抗的东西，而是要张开双臂环抱的东西。鲍伊给了我许可，让我成为奇怪而独特的自己。

讽刺的是，鲍伊的第一份也是唯一一份职员工作就是在伦敦内文·D.赫斯特广告公司担任美术师。[3] 他很快就辞掉了那份工作。但即便在后来，他也仍与广告界保持着紧密的关系，出现在百事可

---

① 在这支广告中，面包师在每次离家上班前都会说一句："是时候去做甜甜圈了！"——译者注

乐、路易威登等品牌的电视广告中。[4]

我从大卫·鲍伊那里了解到真实的重要性，这听起来有点儿违反直觉——大卫·鲍伊是自我创造的大师，拥有无穷无尽的身份——但它是有道理的。是的，他是一大堆互相矛盾的、截然不同的人格的混合体，但每一个形象都是具有独创性的，是忠实于鲍伊的。你也许不明白他在做什么，但你知道他在向你展示自己独特的一面，他完全不在乎别人的想法。你从骨子里就能感受到这一点。

做真实的自己，这一品质是说服力的核心。

品格为王

说服力关乎个人品格，而非事实或论据。最有力的说服方式与证据、理由或逻辑没有多大关系。事实上，通常能够说服别人的，不是所说的内容，而是这些内容的来源，换句话说，就是说话的人本身。亚里士多德在两千多年前就明白这一点。正如他所说："比起其他人，我们会更彻底、更容易地相信好人。……说话者的品格几乎可以说是他所拥有的最有效的说服手段。"[5]

这的确有道理。在大多数问题上，我们只是没有知识、时间或专业技能靠自己去确定该采取怎样的立场。如果医生说我需要服用维生素 D 补充剂，或者我在踝关节扭伤后需要静养一周，那我会相信他。让我信服的并非科学——我没有上过医学院，也不知道为什么我们需要那么多维生素 D，但是我的医生上过医学院，并掌握了她的专业技能。好人投射出的信念和品格会让我们言听计从。

当一名政客试图说服你支持税制改革、国家安全或者移民的相关政策时，大多数时候，你缺乏足够的信息，没办法仅凭事实就做出决定。你会看这个人是否表现出了良好的意图，是否值得信赖、自信且真诚，以此做出决定。你决定的基础在于可感知到的这个人的品格。

我所说的品格——或者更重要的是亚里士多德的意思——不只是你试图遵循的道德准则，或者你所秉持的个人信念。你的品格也由你不假思索便表现出来的习惯和性情组成。勇敢的人如果看到一所学校着火了，会毫不犹豫地冲进去救助里面的孩子。诚实的人如果捡到一个钱包，会尽其所能将它还给失主，并且完全不会冒出取走里面的现金的念头。真诚的人会条件反射般说出真相，而不是在权衡诚实的利弊之后才和盘托出。

因此，让你具备说服力的那些品格特征，也必须源自你的灵魂深处。人们需要知道，他们对真实的你有所了解——他们会瞥见一些你根本不知道自己在向他们展示的东西。

灵魂窥视秀

培养具有说服力的品格，第一步是学会坚定不移地做你自己。

我知道，"做你自己"并不新鲜。你已经无数次听到这句话了。这是你对那些准备面试或者邀人约会的朋友所说的话。但是通常人们说"做你自己",其实意思是"放松,自然点儿,不要想太多"。

我想说的不是这个,因为在我们试图说服别人的大多数情况下,直觉会让我们误入歧途。我们会试图隐藏自认为对方并不喜欢的那部分自我。我们会按照自以为对对方更具吸引力的方式调整自己的言谈举止。我们比平时笑得更多,或者对自己根本不在乎的事情表现得兴奋不已。我们的措辞会比在实际生活中更为正式。简而言之,我们试图伪装自己,直至达成目标。

人类并不会为此买账。人们可以轻易地看清你的所作所为,无论在有意还是无意的情况下,都是如此。加州大学伯克利分校哈斯商学院的研究人员利安娜·坦恩·布林克、戴娜·斯廷森和达娜·R.卡尼的一项实验证明,人们在无意识的情况下就能察觉到别人在胡说八道,这种能力之强,令人吃惊。[6]该项目试图了解人们瞬间的直觉反应是否比有意识的判断更能识别出欺诈性言行。为此,研究人员开展了一项实验,让一群大学生观看多段涉嫌偷窃100美元的人的审讯录像。实际上只有一部分嫌疑人偷了钱,但每一个被录像的嫌疑人都被告知要否认自己有罪——有些人真的偷了钱,但是所有人都予以否认。

令人惊讶的是,当研究人员要求大学生有意识地识别犯罪嫌疑人中哪些在撒谎、哪些在讲真话时,他们的回答并非十分准确。实际上,他们的准确率只有54%,仅略高于随意猜测情况下的准确率。

接下来,不可思议的结果出现了:当研究人员测试大学生们对

第一章 转身面对陌生人　　011

录像的无意识瞬间直觉反应时，大学生们区分真话与谎言的准确率大幅提升。具体来说，在一次自发心理反应测试的过程中，测试的参与者在想到录像中的某个说谎者时，对"不诚实的""欺骗的""虚伪的"等词的反应，要比对"诚实的""真诚的"等词的反应更快。当他们想到某个说真话的嫌疑人时，情况恰恰相反。[7,8]

换句话说，布林克、斯廷森和卡尼的实验告诉我们，人类非常善于通过瞬间的直觉反应来检测欺骗行为，且其准确率比有意识地识别谎言高得多。因此，当你用善意的谎言试图获取受众的好感时，你很有可能会以立马触发对方检测欺骗行为的警报告终，而他们甚至对此毫无知觉。他们可能并不知道你所隐藏的确切信息，但是会知道你有所隐瞒。而一旦他们察觉到了你不诚实的蛛丝马迹，你便变成了试图欺骗他们的推销大军中的一分子。

有两种方法可以绕过别人的内置谎言传感器。一种方法是，你可以学习成为一名胡扯专家。这并非易事，但有人无疑可以做到。他们被称为"骗子"。你如果想成为他们中的一员，可以去看别的书。本书与此无关。

对于那些想睡安稳觉的人，还有一种选择：不要试图让别人喜欢你，而要完全做你自己。或者换句话说，不要做大卫·罗伯特·琼斯，那个只会制作自认为人们需要的循规蹈矩的音乐的人。要做齐格·星尘，并把最奇怪、最诚实、最美好的自我展示出来，即使那样做意味着违背一些社会准则。

说一段我的亲身经历。有很多年，我都假装喜欢葡萄酒。我去过纳帕①几十次了，每次都遵循以下程序：轻抿一口，随后吐出；将玻璃杯对着光，并且不断旋转；使用诸如"木香扑鼻"和"味道醇厚"之类的词，就好像真的知道自己说的是什么一样；我记住了一些葡萄酒产地和葡萄酒品种，以及哪种酒与哪种食物搭配。我以为自己的品位超高级。

我说服自己，我很享受这一切，但实在是无法享受。实际上，我讨厌葡萄酒。它是酸的。它让我的牙齿变紫。喝了葡萄酒之后，我会昏昏欲睡。我是一个精力充沛的人。我会在一周的任意一个晚上（或者在艰难的一周的每一个晚上）喝一杯龙舌兰或伏特加鸡尾酒。我只是觉得葡萄酒是我本该喜欢的东西，于是随波逐流——和那些我想取悦的人在一起时更是如此。

现在，当我在餐厅用餐时，我一有机会就会将葡萄酒杯交还给服务生。事实上，大家都对此表示尊重。我认识的葡萄酒爱好者最为尊重，因为他们绝对不想整夜都听一个装腔作势的人背诵他试图在纳帕熟记的自命不凡的废话。另外，这意味着他们能喝到更多的葡萄酒。

当你试图影响你的受众时，关掉过滤器，透露一点儿自己的内心想法，这绝对能对你有所帮助。这一点之所以起作用，

---

① 纳帕，美国加利福尼亚州的一座城市，著名的加州葡萄酒产地纳帕谷就在这里。——编者注

原因有很多。首先，一个有独创性的人——具备真实的好恶、古怪的兴趣和令人惊讶的癖好——是其他人可以识别出来并理解的，无论他们是否完全认同这个人。

毕竟，多样性是我们的共同点之一。

此外，你会变得令人难忘，成为一个广受认可的人，这让你比那些看起来逢场作戏的人更值得信赖。它还让你有机会分享自己的另一面，并讲述亲身经历。

我毫不掩饰地在办公室墙上挂满了我真正喜爱并受其启发的艺术家、音乐家和历史人物的照片。当然，我一心想要争取的客户可能讨厌英国摇滚乐队 The Clash 或者美国男歌手 Prince，但几乎可以肯定，她喜欢某种音乐、艺术或某个文化偶像。那么英国朋克传奇人物乔·斯特鲁默的照片可能会让她产生共鸣，这能帮助我成为一个真实的人，而不是一个试图从她身上攫取利益的商人。

还有一个理由可以支撑你展示完整的、真实的自己：你几乎没法儿预料别人会被你的哪一面吸引。你可能觉得对方无法理解你为什么要收藏小陶瓷猫、滑雪镜、复古耐克运动鞋、漫威漫画书或者其他任何你所痴迷的事物，但这样的嗜好也许正是他们最欣赏你的一点。它会让你变成一个令人难忘的人。最重要的是，你敞开自我接受他人审视这一事实传达了信任。而说到说服力，信任就是力量。

当你忠于独树一帜的自我时，你就是在告诉其他人，他们得到了你的信任、尊重和欢迎。你也欢迎他们分享自己独特的兴趣爱好。

为什么说成为最奇怪的自我是有好处的？这就是原因。然而，还有个微妙的问题：当你真的想要说服某人时，你不要去想这些原因。你如果只是为了促成交易而展露真我，那就并非发自真心，而是在操纵他人。你要达到一种状态，即你在互动中展示的独特性必须源自真实。它必须是你不假思索的反应。向别人分享你的怪癖会让你变得有趣且令人难忘。谁愿意迎合众人，变得平淡无奇又容易被人忘记呢？

这对某些人来说很容易实现，并且随着年龄的增长变得越发容易，但通常需要良好的意识、自制力和练习。甚至鲍伊也并非自然而然地做到了这一点——他必须学着去做。

如何拥有更多真实互动

如何学习成为一个更具独创性的人？这听起来像一个陷阱问题，但事实并非如此。实际上，有一种简单的方法可用于日常实操，它分为三个步骤。

意识

在这种情况下，意识实际上就是指聆听自己所说的话。从加倍关注自己的每一次交流开始，你要找的是你的言行不能反映自身真实感受的例子。也许你对某人的黄色笑话露出了假笑。也许你假装对今天的天气表现得比实际上更加高兴或者更加生气。也许因为无法确定对方的反应或者对方对你的感受，你不再分享关于自己的事情。

大多数人都会自动地做这些事。当然，每种情况都可能是无辜的。你告诉自己，你只是出于礼貌。或者，你只是想避免冲突，结束尴尬的谈话，然后继续自己的生活。但是，这些不真诚的小片段很快就会累积起来，变成彻头彻尾的虚情假意。至少，它们都是你错过的展示真实自我的机会。

这样的时刻在每个人身上的表现形式各不相同，但你一旦知道自己要找的是什么，就很难错过它们。因此，当你发现自己有这种轻微程度的不诚实行为时，一定要注意。

分析：进行赛后复盘

就像运动员观看比赛录像以保持技能敏锐度一样，你需要对自己的每一次个人交流或者游说行为进行赛后分析，以了解何时能展现更真实的自己。每次对话结束后，从下列问题中选一个合适的问自己：

- 在这次谈话中的哪一刻，我展现了最真实的自己？
- 在哪一刻，我注意到自己不太真诚或者有所保留？

掌握这些信息之后，再问：

- 我该如何创造我完全袒露心声的时刻？

对于那些不太真实的时刻，问自己：

- 如果坦诚相待，我会说什么或者做什么？如果我展现最真实的自己，我又会说什么或者做什么？如果我不是很在意对方如何看待我呢？
- 如果是和交情最深的朋友（比我更了解我自己的人）聊天，我会怎么做？

别误会我的意思，我并不是说为了脱颖而出，你要成为一个无礼的浑蛋。如果你对其中任意一个问题的回答是"你在吸干我的生命！别说了！"，那你没抓住重点。你的目标不是让另一个人抨击你，只是尽可能真诚地进行对话。

适应：学以致用

无论你对上述问题的回答是什么，你都需要将这一认知付诸实践。可以写日志，记录你的优缺点。也许有一个话题可以真正带出你最真实的自我。或者，也许你竭尽全力不去提及自己生活中的某个细节，甚至试图掩盖它。当你向人们诉说自己生活中非常隐私的事情时，他们会尊重你。你可能会有脱口而出的事情，或者明明厌恶却假装喜欢的事情。不要以自己的经验和观点为耻，而应该为它们感到骄傲。

将这些经验和教训都写下来，这一简单操作有助于将它们内化于心。而且，如果养成这样做的习惯，那么当你话中掺假时，你便能更加深刻地意识到这一点。随着时间的流逝，你会在词句脱口而出之前抓住自己的破绽，直到这种做法最终变成一种无意识的行为。

这就像学习乐器一样，比如钢琴。一开始，你必须考虑每个细节：端坐的方式、脚的位置、手腕的紧张程度、指法、节奏，还有敲击每个琴键的力度。你需要集中精力演奏每一个音符。但是一旦你掌握了这一乐器，你的演奏中就会有越来越多的部分变得完全自动化。那时，音乐似乎从你的身体里倾泻而出。还有一个更好的例子：学习外语。一开始，你不得不沉迷于语法、词汇和时态之中。你在脑海中列举各个动词的词形变化，仔细练习每个单词的发音。你不断地翻阅词典、记单词。但是一旦你掌握了这门语言，这一切都将消失，单词会毫无障碍地直接从你的脑海中蹦出来。

你应该将这一过程用于培养本书中详述的所有提升说服力的习惯。不要将它视为一个不得不学习新事物的过程，而要将其视为一个发现并靠近你已然具备的独特品质的过程。

这就是高尔夫球运动员所说的"寻找最佳挥杆"。他们并非从头开始精心设计出一个完美的挥杆动作，而是通过刻意练习发现自己自然的最佳挥杆动作。从某种意义上说，这也将帮助你找到自己的"最佳挥杆"。

寻找榜样并展开研究

有时候，你会感到疲倦、饥饿，或者对自我提升毫无兴趣。在这些情况下，你缺少的是激励。应对激励衰竭，有一种可靠的方法，那就是寻找一批你能寻求帮助的榜样。

具体来说，对于你钦佩其真诚且不说废话的态度的那些人，你应该时刻保持关注。可能是史蒂夫·麦奎因，可能是奥普拉，可能是斯蒂芬·库里，也可能是你的理发师。是谁无所谓，只要对你有用就行。

现在，想一想为什么他们会表现出那样的状态。仔细观察他们的说话方式、语气、对眼神交流的运用、措辞、在交谈中提到的话题等。同样，我建议你写一本日志，用来记录自己欣赏的品格特征。前文中我对鲍伊的歌颂就来自我的笔记本。

这样一来，你便可以将榜样们身上那些最令你钦佩的特征内化，从而在自己的生活中充分利用它们。当你感觉自己陷入取悦他人的模式时，不妨想想自己的某个榜样，想象一下他/她如果处于你的境地，会怎样应对。你的目标并非复制这些人的特质，而是从中受到激励。

为什么"自信一些"是个可怕的建议

自信的人天生具有说服力——你不需要我告诉你这一点。如果两个修理工对我汽车的故障给出了互相矛盾的解释，那么我会相信那个声称自己可以肯定车的问题在于气缸盖垫片漏气的人。我绝对不会把钱付给那个听起来像在猜测原因的家伙。而且，科学证明了这一点。

在一个实验中，心理学家保罗·C.普赖斯和埃里克·R.斯通向一个35人小组展示了两位虚构的金融分析师的股票预测，其中一位叫布朗，另一位叫格林。比如，参与者将了解到布朗以86%的信心预测某只特定的股票将会增值，随后他们将获知布朗的预测是否正确。对于每位分析师，参与者将看到24组这样的预测-结果信息，这显示了布朗和格林的正规业绩记录。[9]

随后，研究人员要求参与者选择自己想要雇用的分析师。你要知道，两位分析师对股价的预测能力不分上下。实际上，他们两个对每一只股票的总体预测都完全相同。唯一的不同是，其中一位分析师总是极度自信——他以99%的信心进行预测，而另一位的预测信心则为84%。即使是这位过分自信的分析师也出现过不确定的情况，而且是极度不确定——对某只股票给出的预测信心仅为7%，而另一位分析师的预测信心为22%。

不出所料的是，尽管这位更为自信的分析师在选股方面并非更胜一筹，但绝大多数参与者还是选择了他。当我们面临两个同样不错的选择时，自信会起决定性作用。

这意味着，如果你试图说服他人，大家通常有充分的理由告诉你"自信一些"。但是我不会那样做，因为事实是，"自信一些"并非一个好建议。下次有人对你说这句话时，为自己考虑一下，不要理他们。告诉人们"自信一些"，就像告诉他们"困倦一些"或者"惊讶一些"一样——你没法儿只是通过决定就做到这一点。你可以决定做的是表现得自信，或者更准确地说，你可以养成习惯并培养性格特质，让自己真正有信心。

在传达自信方面，如果你能内心自洽，那你就成功了一大半。但是，还有许多更为具体的策略可以让你更加自信地进行交流。

说真话时要有力度

如果你打算说些什么，那你就说出来。如果你不愿意在没有限制条件的情况下陈述一个重要的想法，那就不要说。停止使用那些会淡化我们所说的话或暗示不确定性的语言。我指的是这样的词句：

- 也许
- 可能
- 有点儿
- 我认为
- 我可能是错的
- 我感觉
- 这可能是个愚蠢的想法，但是……

别用它们。也别用清嗓般的开场白，比如："我可以问你一个问题吗？""你能帮我出个主意吗？"

这些小小的免责声明和防备手段就是传播学研究者所说的没有力度的言论。为什么这么说？原因很明显。[10] 当你这样说话的时候，你会将自己的不安全感传达给受众，从而给人留下一种印象，即你所说的话不值得被认真对待。这样一来，你便没有机会去说服他们了，因为他们不吃你的那一套。他们为什么要相信你呢？连你都不相信自己。

有些人可能反对这种策略，认为它是一种骗术。毕竟，假装比实际更加自信难道不是一种不诚实行为吗？是。但我没有让你去假装，只是要你改变表达自己真正相信的事物的方式。这是因为如果你的讲话中充斥着无力的语言，那么即使是那些你深信的论述，也会变得令人难以置信，或者至少是值得怀疑的。使用强有力的语言会开始增强你的信心，使用无力的语言则效果相反。

我经过惨痛的教训才明白这一点。我曾受邀参加福克斯旗下一个全国性节目的录制，探讨该年度超级碗广告的趋势。我为此兴奋不已。毕竟，我能以权威身份进行发声的就是广告业。我同时也是优秀广告的忠实拥护者，所以超级碗对我来说就像过节。

开始录制的时候，我感觉非常好。然后，我看到了镜头画面。从采访一开始，我的表达就犹豫不定。我的第一句话中有一半是"你知道……"或者"我认为……"。我觉得自己非常自信、热情，但你从我的话语中完全感受不到这些。我花了大约两分钟找到了最佳状态，但这时采访已经进行了一半。[11]

采访必须在一间拥挤的新闻编辑室里远程进行，而我根本看不到交谈对象。新闻播音员在介绍我的时候，读错了我们公司的名字，这让我更加恍惚了。但是，这样的小意外是可以预料的。如果说这段经历给了我教训，那就是在承受压力时，人们很容易恢复不良习惯。

防止此类事件扰乱你的唯一方法就是练习。要想去除话语中的无力言辞，你可以采用我在前文中概述的三个步骤。

- **意识**：第一，聆听你每天所说的话，注意你所使用的词句。
- **分析**：第二，花一分钟留心一下你不知不觉开始说此类话语的情境，并思考如何更加直接地表达自己。
- **适应**：第三，记下那些你最依赖的无力词语，并刻意地避免使用它们。

你会发现，去掉无力词语完全不会改变你所说内容的含义。比较这两组句子，你会明白我的意思：

- **无力**："如果要我说实话，至少在我现在看来，碧昂丝的秀也许是有史以来最棒的现场表演之一。"
- **有力**："碧昂丝的秀是最棒的现场表演。"

- **无力**："别误会，我对那个作家没有意见。但就个人而言，他的书对我没什么吸引力。"
- **有力**："我不喜欢那个作家的风格。"

你不需要提醒大家你打算诚实待人，也不需要告诉他们在说话的是你——他们当然知道这是你正在表达的观点，不然会是谁的观点呢?

我发现,如果你努力使用更加强有力的语言,它实际上会影响你的思维方式。由于不再需要依靠老旧的语言拐杖,你会开始以清晰、自信的语句来表达自己的观点。

成为超胆侠要师出有名

如果你要表达自己的立场,一定要确保出于合适的理由。一旦超出日常对话的范畴,你将不得不针对自己所相信的事物表明立场。但仅仅为了大胆而说一些大胆的话是没有意义的。自信与鲁莽之间的差别微乎其微。如果你只是出于刺激而去做一些极端的事情,那叫特技表演。没有人会相信一个冒失鬼。我不会接受埃维尔·克尼维尔[①]的建议,除非我想精通驾驶摩托车飞越14辆灰狗巴士的技能。

特技表演是为了壮观场面而做的。相比之下,当你针对一个问题表明立场时,这一选择需要触及你是谁以及你相信什么的核心。快闪活动和民权游行之间是有区别的:一个毫无意义,另一个则鼓舞人心。

如果要冒险,你就必须献身于一套价值体系。为此,你需要确定自己的核心价值观。说到价值观,我指的不只是你的政治信仰和

---

① 埃维尔·克尼维尔生于1938年,是美国冒险运动家、特技明星,以表演驾驶摩托车飞越障碍物闻名于世,被誉为"世界头号飞人"。——译者注

是非观，尽管它们也是价值观的一部分。我指的是在你生命中最重要的事情——忠诚、乐观、创造力、率直或美丽等大概念。问问你自己：你无论如何都不愿意妥协的原则和承诺是什么？你可以向你就职或领导的组织提出相同的问题。

无论你的回答是什么，当你做出勇敢的决定或者表达强烈的看法时，这个回答就是你的动机所在。即使那个选择并不成功，它也出自真心实意。无论结果如何，人们都会尊重这一点。

鲍伊在脸上化闪电妆并自称齐格·星尘，并不是闹着玩儿的。他试图推进一个创造性的愿景，并探索符合其真实自我的新的艺术创作方法。

小结

本章的目标是，让你做到一言一行均能展现真我。当你直抒胸臆时，你不再担心别人对你的看法，那便是真正的进步。如果你将自己扭曲成你希望别人会喜欢的样子，那么最终你唯一能愚弄的只有你自己。我在广告从业生涯中学到了一件事，那就是受众识别欺骗的能力，远高于你欺骗他们的能力。

我发现规避这种不诚实行为的方法在于：

1. 展露你真正的自我。
2. 自信地说话和行动。

3. 寻找榜样。

4. 大胆地遵循你的核心价值观。

如果能做到这几点，你的真实品格就会以你从未想到的方式显露出来。

自信就是感到做自己很安全，它来自信念和自我了解。要想培养具有触及灵魂的说服力的品质，做具有独创性的自己还不够，但是如果不具备这种基本的人格特质，你便很难说服他人。

正如平面设计师肖恩·麦凯布所说的那样，如果你试图变得与世界一个样，那你就永远不会影响这个世界。[12]

第二章

讲故事的说服力

总有一个故事能将人们带去另一片天地。

——J. K. 罗琳

当人们问我或者我的公司 Mekanism 靠什么谋生时，我总是回答：讲故事。是的，我们是一家广告公司。因此，归根结底，我们的业务是销售产品，无论是冰激凌、运动鞋还是除臭剂。但是，我们完成这项任务的方法是找出品牌的核心事实，并以令人信服的、引发共鸣的、生动有趣的方式讲故事来传达这一事实。

这种方法与广告商过去销售产品的方式有很大不同。直到几十年前，所有广告的标准做法都是列出最新款汽车、清洁产品或家用电器的优点和特点，并吹嘘其"超低价"。实际上，广告直截了当地告诉了消费者为什么买东西是个好主意。广告唯一要做的就是向你提供事实（即使这些事实有些牵强）。

但是在当今世界，要想建立联系，就必须以一种更加能调动情绪、更加真实、更加触及灵魂的方式让受众产生共鸣。在这个舞台上，事实和产品特点本身根本无法满足需求。正是讲故事这一方法，改变、连接、建立了品牌与消费者之间有意义的纽带。讲故事具有最强大的说服力,这一点不仅仅体现在广告界。

长期以来,研究人员已经认可讲故事是一种普遍存在的、有益的人类活动,这种活动可追溯到人类最早时期。正如历史学家尤瓦尔·赫拉利所写的那样:"我们与黑猩猩之间的真正区别在于让数百万人实现有效合作的神秘黏合剂。这种神秘黏合剂是由故事构成的,而非基因。"[1]

所以,没错,我们之所以存在,有点儿得益于讲故事。伦敦大学学院的人类学家丹尼尔·史密斯及其团队通过研究发现,讲故事"可能通过传播社会规范和合作规范来协调群体行为,从而在人类合作的发展中发挥了重要作用"。[2]我们通过讲故事来传达自己的价值观,并让其他人接受同样的价值观。

从最早时期开始,我们就一直在利用故事说服彼此,这是有充分理由的:与其他任何传播形式相比,故事具有更强大的力量,可以激发忠诚,让我们脱离当下,从全新的角度考虑问题,并在情感层面理解万物。因此,如果你的目标是改变人们的观念并促使人们采取行动,那么精通讲故事是基本的必要条件。

我将探究到底是什么让故事成为如此具有说服力的工具。但是,我们也可以揭示那些能让每一个人都成为具有说服力的讲故事者的习惯和品格特征。

从总统到巴黎：
通过故事影响他人

如果讲得足够好，一个美妙的故事会把人吸引到叙事情境之中，让他们进入一个与现实世界完全分离的世界，并与故事中的主要人物建立一种近乎超自然的联系。片刻间，受众忘却了自己，开始融入故事。观看一部引人入胜的电影，或者沉浸在一部小说中，这时你便亲身体验到了那种感觉。当你沉浸在故事之中时，你会更加愿意放松警惕，同时放松对先入为主的观念的坚持。

世界上伟大的宗教都通过神话、寓言和故事传达信息，这并非偶然。此外，我们这个时代最伟大的领导者也曾是世界上最棒的故事讲述者，无论是马丁·路德·金、圣雄甘地、露丝·巴德·金斯伯格[①]，还是纳尔逊·曼德拉，都是如此。

亚伯拉罕·林肯也许是美国历史上最具说服力的故事讲述者。"他们说我讲了很多故事，"林肯曾经说，"我认为确实如此。但是我从长期的经验教训中了解到，普通人……更容易被具有普遍性的、幽默的解释影响，其他任何方式都比不上。"[3]

史蒂芬·道格拉斯是林肯在有关奴隶制的历史性辩论中的著名对手，于他而言，林肯讲故事的能力实在是令人敬畏。"他的每个故事似乎都像是给我后背的一记重击。"道格拉斯曾经说，"别的无

---

① 露丝·巴德·金斯伯格出生于 1933 年，是美国联邦最高法院有史以来第二位女性大法官、第一位犹太裔女性大法官，哥伦比亚大学法学院历史上第一名获得终身教职的女性。——译者注

所谓，他的论点或者对我提出的问题的任何回答，都不会让我感到不安。但是当他开始讲故事时，我感觉自己遇到了劲敌。"[4]

甚至林肯最著名的"葛底斯堡演说"，也像故事一样以"87年以前"作为开端，旨在引导人们关注美国的建立。

美国内战快结束时，威廉·特库赛·谢尔曼将军问林肯总统，军队应如何处置"南部邦联总统"杰弗逊·汉密尔顿·戴维斯。林肯最关心的就是在这场血腥的战争之后将整个美国团结在一起，并确保对立战线的人们能够和平地回归美国社会。

公开惩罚戴维斯将加剧全国的政治紧张局势。但是，让戴维斯轻松脱身，在政治上同样不妥。在林肯看来，对于一个四分五裂的国家来说，最佳情况是前"南部邦联总统"逃出国。当然，林肯无法公开表达这些愿望，因此他通过一个故事表达了自己的立场。这个故事有关一个戒酒的男人。当一个朋友问这个人是否想喝点儿酒时，他拒绝了，并表示想喝一杯柠檬水。当朋友倒柠檬水时，这个男人提到饮料中加一点儿白兰地味道会更好。他解释道，如果在他不知情的情况下加入白兰地，他不会反对。谢尔曼明白了林肯的意思：林肯希望他让戴维斯逃走，但必须保证林肯对此毫不知情。[5]

如果没有这种讲故事的能力，林肯就不太可能建立将他推向总统宝座的政治网络，或者赢得大众的支持。（顺便说一句，对于林肯来说，故事可能不仅仅是说服的工具。有些人怀疑讲这些有趣而轻松的逸事是控制让他的身体不断衰弱的抑郁症的一种方法——一种他试图重塑自己大脑的方法。）

幸运的是，要利用讲故事的优势，并不需要你成为林肯这种级别的老练政治家。比如，考虑这种情况：你试图说服伴侣去巴黎而非伦敦度假。你可能会说，巴黎拥有世界一流的美食、无与伦比的博物馆，而且天气比伦敦好。但是，从说服力的角度来看（就像广告一样），仅仅列出优点和特点同样并非赢得某人支持的有效方法。

在最好的情况下，告诉某人他为什么应该做某件事——购买某个产品、投票给某个人、向某家慈善机构进行捐赠——会引发他思考的兴趣。这会刺激他权衡某种情况的利弊，并推导出合乎逻辑的结论。这也很好。但逻辑只是这个难题的一部分，论证在绝大多数情况下并非改变他人想法的最佳方式。

在最坏的情况下，这种方式会引发对抗。毕竟，没人喜欢被告知自己该做什么，所有抚养过孩子的人应该都非常清楚这一点。而且，如果你的受众已经对自己目前的立场深信不疑，那么一个劲儿地跟他们说他们为什么错了，只会让他们更加钻牛角尖。

现在，你可以想象一下，不列举你的伴侣应该选择巴黎而非伦敦的原因，而是去看让-吕克·戈达尔的《筋疲力尽》，或者如果你不喜欢法国新浪潮电影，那就去看伍迪·艾伦的《午夜巴黎》、理查德·林克莱特的《爱在日落黄昏时》，或者其他一些能够展示巴黎浪漫之美并让你领略巴黎街道如画风景的电影。事实是，比起列举一大堆旅游景点，看电影的经历更能说服你的另一半，就像故事能在情感深层吸引我们一样。

对我而言，最能有力体现讲故事的说服力的例子，来自有史以来最平庸的乐队之一：美国摇滚乐队 Kiss。没错，我说的正是那支化浓妆、穿高跟鞋、喷火、吐舌头的表演型摇滚乐队。

Kiss 乐队如何通过讲故事
火遍全世界

孩提时期，我对 Kiss 乐队喜欢至极。我的意思是，这些家伙仿佛来自另一个星球。他们穿着古怪的黑色皮衣。他们点火烧东西，弹奏飘浮在空中的乐器。他们甚至呕血。从《艳惊四座》(*Dressed to Kill*) 到《毁灭者》(*Destroyer*)，我大声播放他们的所有专辑。我熟记每一句（平庸乏味的）歌词，并且经常用黑白油彩涂抹自己的脸。当然，当我走出房间，摆动舌头，比出"恶魔之角"手势[①]时，父母都会抬起眉毛，不停摇头。

鲍伊是真正的音乐天才，但几乎可以肯定地说，Kiss 乐队的成员并不是。别误会我的意思，虽然内容很简单，但他们的音乐总能带给我美好的时光。然而，尽管缺乏音乐天赋，Kiss 乐队还是制作了总共 30 张黄金唱片[②]。根据美国唱片业协会的统计，这比历史上其他任何美国乐队都要多。他们有 14 张专辑为白金唱片，还有 3 张专辑为多白金唱片。[6]

Kiss 乐队的成功远远不止引人注目的唱片销量。这支乐队鼓舞了一大批追随者，他们不同于在 Kiss 乐队之前的其他任何音乐团体的乐迷。他们的名字是"Kiss 军团"，值得一提的是，他们会自

[①] "恶魔之角"手势是金属乐的代表手势。——编者注
[②] 根据美国唱片业协会的标准，销量达 50 万张的唱片被称为"黄金唱片"，销量达 100 万张的为"白金唱片"，销量达数百万张的为"多白金唱片"，销量超过 1 000 万张的为"钻石唱片"。——译者注

发给广播电台打电话，请DJ（唱片节目主持人）们播放Kiss乐队的音乐。我把这种出色的推销方法用在了自己的广告事业之中。但在那个时候，我并未将其视作推销活动，而是视为对我所爱乐队的一种奉献。我很高兴成为这个庞大群体的一员。从某种意义上说，"Kiss军团"是世界上第一个"网红"组织，粉丝们成就了这支乐队。

Kiss乐队还是周边产品领域的先驱，制作了似乎源源不绝的古怪纪念品。Kiss乐队成功地将自己的形象印在手办（泛指收藏性人物模型）、漫画书、润唇膏、折叠小刀、钱夹、避孕套、棺材甚至银行支票上。[7]试想一下，如果你用印有Kiss乐队形象的支票来交房租，那你对这个乐队该有多忠诚？

从音乐来说，Kiss乐队的作品远远称不上杰作，那么该怎样解释他们这种火爆的人气呢？他们甚至在美国本土都没有一首斩获排行榜第一的热门单曲，那么究竟是如何吸引一大群追随者，并且卖出这么多唱片的呢？[8]答案很简单：他们会讲故事。不管是吉恩·西蒙斯的长舌怪、鼓手彼得·克里斯的"猫人"、保罗·斯坦利的"星孩"，还是埃斯·弗莱利的"太空人"，这些形象都不是音乐家。它们是乐队自己创造的来自某个外星神话的精神错乱的恶魔。换句话说，它们是沉浸式故事中的角色，令我和其他数百万人都无法抗拒。Kiss乐队的音乐仅仅是将听众带入他们疯狂而令人兴奋的故事的一种手段。

在创造这个故事之前，他们只是纽约市的几个外表普通的长发摇滚歌手，听众不多，几乎没法儿坐满一家本地酒吧。但是，一旦他们创造了那个另类的故事世界，音乐就不再重要了。实际上，你甚至都不会注意到音乐。你只关注他们讲的故事。

这种与受众之间的深刻的、非理性的联系，只有通过出色的讲故事能力才能建立。这就是为什么讲故事是塑造观点、建立忠诚和改变观念的强大工具：它们让你能够接触逻辑论证无法企及的那部分人类心智。正因如此，学习成为一名出色的讲故事者是培养具有说服力的品格的关键。

故事通过神移使人信服

作为"Kiss军团"中的一名年轻"士兵"，我的那种被一个故事吸引的美妙感受，其实是一种基本的人类感觉，心理学家对此有一个专门的术语：神移。研究人员发现，当我们被一个故事激发强烈感情时，实际上我们的大脑处理信息的方式会有所不同。我们对现实世界的意识越来越弱，而对故事中世界的意识越来越强。毫无疑问，这会让我们以更开放的态度面对改变信念这件事。从某种意义上说，科学家终于发现了吉恩·西蒙斯早在20世纪70年代就已经知道的事实。

社会心理学家梅拉妮·C.格林和蒂莫西·C.布罗克的一项研究提供了神移力量的令人信服的证明。研究人员做了好几次实验，要求参与者阅读一个确实令人不安的故事。故事中，一个名叫凯蒂的年轻女孩和姐姐琼一起去商场购物，最终却被一名逃跑的精神病患者残忍地刺伤致死。没错，这个故事很可怕，但这就是重点所在。为了让实验正常进行，研究人员需要一个引人入胜的故事。研究人员设计这个故事的目的还包括传达一套信念，不过传达得相当隐晦。例如，这个故事暗示商场并不安全，精神病患者需要受到更有效的监管，还有这个世界只是个烂摊子。

格林和布罗克在几次实验的过程中发现，在神移水平上得分较高的读者倾向于接受与故事更为一致的信念，例如精神病患者需要受到更多的监管。这些读者对故事的主人公也表现出了更加积极的情感。另一些读者的神移程度则较低，无论个中原因为何，他们对与故事相符的信念的接受度更低，对主人公的喜爱程度也更低。值得注意的是，无论故事被呈现为虚构小说还是真实事件，几乎都不会影响实验结果。[9]

现在，设想一下，只使用逻辑论证去说服某人商场并不安全或者精神病患者需要受到更多的监管，你该怎么做。你需要提供证据，比如统计数据或专家证词。而且，你必须以某种方式论证为什么你的研究能够证明你的结论。你可以在PPT（演示文稿）展示中用曲线图和项目符号组织所有这些内容。

假设你的听众努力听完了你的整场演说，中途没有打瞌睡。（作为听过数百场PPT演说的人，我可以说这个假设几乎不可能成真。）做完这一切之后，你的听众可能最终会认同你的观点。但是，基于他们自己在商场或精神病院的经历，他们很有可能并不认同你的观点。

为什么？一方面，仅仅是那些图表和项目符号就能让他们无聊到昏昏欲睡。而且，我们通常需要花费很大精力去关注这些内容。所以从一开始，你就是在请求听众听你的演说。如果你的目标是说服他们，那么这个开局可不太好。数据很重要，但这只是众多影响因素中的一部分。

另一方面，一个好故事不需要听众费很多精力或者自制力去关注。不管听众是否愿意，它都会自动将他们吸引过去。它实际上听起来很有趣，更像是娱乐而非工作。这也让它更容易被记住。实际上，与直截了当的事实信息相比，故事中所呈现的信息被人记住的概率最多能大 21 倍。[10]

当你通过讲故事说服他人时，无须强行向听众灌输要点。正如格林和布罗克的商场实验所表明的那样，一个故事足以暗示你的要点，听众可以自行体会——只要你给了他们这个机会就行。这一点很关键，因为我们自己得出的结论总是比我们被迫接受的结论有力得多。我自己得出的信念是我自己的，它们属于我个人。因此，即使到了紧要关头，我一般还是不太愿意放弃它们。这就是为什么当我需要向客户、同事和员工传达想法时，我通常会准备一个故事，与数据一起打配合，以便让信息畅通地传递。

用故事传递价值观：
华特·迪士尼的警世寓言

我的广告公司 Mekanism 是一家致力于通过讲故事来推广品牌

的公司。这就是我们为客户提供的服务。作为公司的首席执行官，我的职责在于有效地讲故事。

我的工作是向客户推销想法，并且说服他们，我们的作品会与他们的目标受众产生共鸣。如果他们沉迷于错误的策略，我会尝试说服他们放弃。如果他们不确定是否应该雇用我们，我会解释为什么我们是做这项工作的最佳人选。在以上所有案例中，我和我的团队都需要讲一个有助于说服客户的故事。

但我的工作还有另外一面，讲故事在其中的作用也至关重要：激励我的团队，并让他们凝聚在我们公司的核心价值观和信念周围。我们的核心价值观之一就是团结协作。Mekanism珍视来自各个不同背景和学科的优秀人才，并且引以为豪。但是，仅仅汇聚一群高技能的人才，然后闭上眼睛希望取得最好的成绩是不够的。要想真正出色地完成工作，就需要这一多样化群体内的所有成员相互补台，并且秉承相同的信念，放下自负，携手合作，朝着共同的目标努力前行。

那么，当我像刚才写的那样简单地陈述这个想法时，它也许很容易被理解。它也可能听起来像一堆感情用事的废话，这取决于你的视角。因此，当我需要将团结协作和团队精神的价值观传递给我的员工时，我通常会讲一个发生在Mekanism成立早期的故事。

这个故事说的是我的搭档、Mekanism的创始人兼首席创意官汤米·米恩斯和我第一次一起参与投标的事。客户是一家名叫迪士尼的"小"公司。当时，Mekanism还是一家由五六人组成的小机构，努力想为自己争得一席之地。为此，我们与旧金山湾区的两个广告达人文斯·恩格尔和韦恩·布德尔展开了合作。他们都对我的职业生涯产生了巨大的影响。他们有着优质的人脉，迪士尼对他们来说触手可及。

对于一家初出茅庐、年轻又饥渴的公司来说，与迪士尼高管会面是一件大事。对于 Mekanism 来说尤为如此，因为当时我们在资金方面已经捉襟见肘了。如果能拿下迪士尼的单子，那我们不仅可以解决公司的资金问题，还会因为受到梦寐以求的迪士尼的认可，一举跃入广告巨头联盟。

我们的任务是为迪士尼公司幻想工程部设计一个活动。幻想工程师是由一群设计工程师组成的精英团队，负责迪士尼在现实世界中所做的一切整体外观和感觉，包括度假村、主题公园、游乐设施、酒店、水上乐园、音乐厅、游轮。在迪士尼内部，幻想工程师被视为神秘的巫师。我们的任务就是使幻想工程师的形象鲜活起来，并向儿童观众展示幻想工程师将想法变为现实的整个过程。

我们的创意概念是创作一系列动画人物，每个人物都代表着幻想工程进程中的一个关键环节。

例如，有个角色是斯巴克（Spark，意为"火花"）——一个看上去很滑稽的小家伙，身体长得像火花塞。斯巴克会产生一些呈现为闪电的想法，这些想法来自他头顶的电极。另一个角色费布尔（Fable，意为"寓言"）是一名作家，她的大腿面是键盘，胸部是电脑屏幕。她捕捉斯巴克的想法，用诗歌般的文字进行创作，随后，一个艺术家角色斯凯奇（Sketch，意为"素描"）将想法转化为动画。另外两个角色罗克（Rock，意为"石块"）和布洛克（Block，意为"木块"）会吸收这些想法，然后带着它们去改造世界各地的迪士尼乐园里那些著名的游乐设施和景点。你应该明白了我们的创意思路。我们认为它实在是太棒了。确实如此。

这次投标在迪士尼位于伯班克的总部举行，听众包括当时娱乐行业最具影响力和见识的三位高管：迪士尼首席营销官迈克尔·门登霍尔；迪士尼主题公园副总裁莱斯利·费拉罗；精明、勤奋、果断的高管杰伊·拉苏洛，他不仅掌管幻想工程部，还负责主题公园和游轮公司，最终会成为公司的首席财务官，地位仅次于首席执行官罗伯特·艾格。

拉苏洛在费拉罗和门登霍尔进门之后走进了会议室，高管模式全开：身穿职业西装，系着领带，身旁有一个助理陪同，助理随时准备记下他说的每一个音节，而他脸上则是一副"别惹我"的表情。随后，他一挥手，助理便火速离场。接下来是演示时间。

重压之下，我们的焦虑情绪高涨。于是我做了介绍，并试图用某种关于幻想工程师重要性的寓言来缓解紧张气氛。随后，汤米、文斯、韦恩和我开始汇报我们的推广提案。我们已经做好了一块时间线展板，与会议室的桌子同等大小——实际上，它实在是太大了，以至于我们不得不租用了一辆小型货车才把它顺利运到迪士尼总部。展板顶部写着"幻想工程师首次展示"。我们将这个庞然大物摆在桌上，开始把写着本次创意故事关键要素的魔术贴贴在时间线上，以展示我们如何以及在何时、何地向全世界讲述幻想工程师的故事。

我们阐述了自己的想法——充分利用迪士尼打造明星角色和讲故事的名望，让公众得以一窥幕后的幻想工程部。我们将综合运用经验性元素、漫画书、与儿童文学作品出版机构学乐出版社的伙伴关系以及数码短片。我们会在迪士尼乐园的各个战略要地推广这个故事，给排队等候玩各项娱乐设施的人们找点儿乐子。我的意思是，我们的品牌延伸方式和 Kiss 乐队一样多。我们慢慢呈现这一整体概念，并且用周边产品和其他创收机会的可能吸引高管。我们不仅创作故事，还着手创造产品。

随后，我们揭开了主题角色的面纱。我们花了一大笔钱来制作动作玩偶原型、包装盒，还有其他所有东西，这些都是在一家中国玩具制造商那里特意定制的。汤米是我见过的最好的演讲人之一。他善于让满屋子的人着迷，并向他们讲述精彩卓绝的故事。因此，像一个推销男巫一样，汤米流畅地介绍了每一位幻想工程师：斯巴克、费布尔、斯凯奇、罗克和布洛克。我们将它们从盒子里取出来，放到会议室桌子上，紧挨着那块巨大的讲故事时间线展板。我们坐在一侧，迪士尼公司的高管们坐在另一侧。我们新鲜出炉的动画角色们正在桌子上凝视着拉苏洛的眼睛。

拉苏洛的表情变得柔和，他的第一反应令人鼓舞。"我不会轻易被打动，"他说，"但这真的非常令人印象深刻。"但他接下来的话很清楚地表明他并没有完全买账。"我唯一的问题是这些角色看起来像机器人，孩子们想要看起来像他们自己的角色。它们需要反映观众的取向。孩子们想看到人的面孔，而不是机器人。你们对此有何看法？"

我闻到了成功的气息。对我而言,这样的批评很容易应对。我参加过数十次这样的会议,凭我的经验,如果这是他们对提案的唯一问题,那么我们胜算很大。我们会点头致意,表示这些只是粗糙的原型,然后说些这样的话:"我们哪能告诉迪士尼怎么去设计角色?这只是我们的一些初步想法,后续需要和您一起逐步完善。这只是一次概念检验。"

但汤米此时胆子大起来了,他忍不住想说几句。他打算捍卫我们的作品。在我说话之前,他先开口了:"那似乎不太对。这些正是我们所设想的角色。它们阐释了幻想工程师是什么,而不必展示真正的幻想工程师。"换句话说,他告诉迪士尼高管们:要么接受,要么放弃,没得商量。他接着解释了为什么一家无人知晓的公司的年轻创意官,比有史以来世界上最大的儿童娱乐制作公司的三位高管更加了解孩子的喜好。我想在桌子底下踢他一下,让他打住,但我的脚完全够不到他。

就在那时,会议结束了。拉苏洛看着他的手表,将椅子从桌边推开,挥了挥手,含糊地说了一句"谢谢你的演示,但我想要的不是这个回答"之类的话。一大群助理不知从哪里马上冒了出来,他们都飞快地走了出去,正如他们进来时那样。我发誓我看到他们身后跟着一团卡通"旋风云"。显然,我们没有拿下这个项目——或者这笔钱。

问题出在哪儿?简而言之,我们未能在一个关键要素上展开合作。在演示的前期准备中,汤米让我做我的工作,我让他做他的工作,结果我们完成了一场相当优秀的营销策划,有很大机会可以拿下这个项目，让我们和迪士尼都赚上一大笔钱。我们是两个年轻的广告专家，非常擅长自己的工作；我们彼此信任。但这还不够。我们在演示的过程中并没有做到同心协力。我还没有准备好我们每个人该如何应对潜在的批评或问题，我们该传达怎样的态度，或者在这场关键的会议中，谁应该说些什么。我没有为会议的问答环节做适当的准备。还有，在最关键的时刻，我们没有做到团结协作。结果是灾难性的。（但是，当晚晚些时候，我们确实在伯班克的一家酒店里成功地协作，喝完了一瓶昂贵的俄罗斯伏特加。）

如何通过讲故事说服他人

人类正因为有能力通过故事说服他人，才能幸存至今。我们已经看到，讲故事如何让林肯鼓舞了一整个国家，如何让一支普通的乐队获得了全球性的成功——它也是我保持公司所有员工团结协作的方式。

迪士尼的故事已成为 Mekanism 的一个传说，一个有关协作和做足准备的经典内部段子，多年来，它一直帮助我们向数百名员工传达团结协作和全力准备的价值观。这个故事之所以如此有效，是因为它遵循了具有说服力的故事讲述的某些基本原则。

接下来要说的步骤有关基本的故事讲述，但它们对所有人来说都有很好的提示作用。

从简单的事实开始

这很明显——如果你想通过故事传达某种观点，那么你在开口之前就需要知道自己要传达的信息究竟是什么。善于讲故事的人也是寻求真理的人，他们的目的是通过故事传达基本的人类真理。

在迪士尼的案例中，我们传达的信息是，即使你很擅长自己的工作，团队整体准备不足也会导致灾难。这个观点既简单又真实。

如果你无法用一个简单的句子来陈述自己的观点，那就证明你还没想好自己的观点。而且，如果你试图通过单个故事传达多个信息，那么你很可能会无法说服自己的听众。能够被多样化诠释的复杂故事可能会造就出色的文学或艺术作品，但它们并不是传递说服性信息的好工具。

坚持使用经典结构

你的故事必须遵循和故事本身一样古老的结构。其中有一种最简单的结构形式如下。

目标：你故事中的角色是谁，他们想要什么？

故事始于一个或几个想要或者急需某些东西的主人公。动机必须足够强，才能推动故事向前发展，同时也必须是与你的听众相关的事情。以相传为荷马所作的《奥德修纪》为例，奥德修斯极度渴望在特洛伊战争结束后回到他的家人身边。

在我们的案例中，汤米和我想要大赚一笔，以推动公司的发展。这就是我们的目标：金钱和成功。这是一个我们公司所有人或其他任何人都能轻易认同的目标。你必须赢得生意以确保发展，这是放之四海而皆准的事实。

障碍：是什么挡住了他们的路？

随后，主人公遇到了他们为了实现目标而必须克服的障碍。在我们的例子中，我们需要设计一场优秀的营销活动，然后在投标会上将它推销给迪士尼的大佬们。介绍障碍的时候，你必须让听众知道有什么风险，会发生什么事情，而且他们必须感受到一些不确定性。把它想象成讲笑话。画龙点睛的妙语之所以能产生冲击性的效果，是因为在它最终被揭晓之前，人们的期待值被调动得越来越高。在妙语出现的那一刻，此前所做的所有铺垫便瞬间释放了。精彩的故事也是如此。

在我们的案例中，我们必须赚到这笔钱才能保证公司财务安全。说服客户就是我们的障碍。

解决之道：结果如何？

主人公要么克服了障碍，实现了目标，要么失败了。无论如何，在一个精彩故事结束时发生的情感释放，应该是最让人难忘的部分。所以，那就是你希望揭露你的信息的时刻。主人公可能会实现他们的目标，也可能不会实现，但他们成功或失败的方式正是你传达信息的方式。

在我们的案例中，我们没有成功——汤米和我没能拿下这一单，具体来说，是因为我们没有携手合作，一起做好准备去迎接投标最后的未知因素。在另一个宇宙中，我们可能已经赚到了这笔钱，因为拉苏洛问了一个难题，汤米坚持己见，而拉苏洛喜欢我们的冒险之举。那么那个故事的中心思想应该是坚持你的信念，为创意作品而战。

如何成为一名出色的故事讲述者

理解一个具有强大说服力的故事的基本结构是一回事，成为一名出色的故事讲述者则完全是另一回事。我们都知道，有的人能把你听过的最有趣的故事变成无聊至极、令人困惑的一团糟。你自己可能就是这种人。

如果你是这种人，那你并不孤单。大多数人不是天生就会讲故事，就像大多数人不是天生的歌剧演唱家或平面设计师一样。幸运的是，出色的讲故事能力可以通过有意识的、反复的努力来掌握。我一直在为此努力。在这方面，有五个技巧可以帮助你掌握讲述具有说服力的故事的基本原理。

技巧一：收集好故事

是什么造就了一个好故事？在某种程度上，是正确的结构。但事实上，一个还不错的故事和一个好故事之间的区别，在于好故事会让你明白一些事情。正是这种特殊的东西，让你兴奋地向朋友复述这个故事。在我的例子中，员工愿意向团队的新成员复述这个故事。这本身就是一则有趣的逸事。

这样的故事到处都有，你只需要寻找它们，并且将它们构造出来。也许是你的家族史上一段特别有趣的过往，或者是上班路上发生在你身上的一件不可思议的事，又或者是你和朋友去巴塞罗那的经历。也许它只是一个你在晚间新闻里听到或看到的故事。不管来源是什么，当你遇到一个真正的好故事时，把它写下来，细节要尽量丰富。用一本笔记本或者笔记本中的某个部分，来记录你收集的这些故事。

把故事写在纸上后，你需要确定它的核心信息是什么。注意这个故事给生活带来的启示或者教训。这个故事也许说明了信守诺言、抓住机遇或者晚些进行假日购物的重要性。不管怎样，你第一次听到的信息应该是显而易见的。随着时间的流逝，你会向你的收藏中不断添加好故事。下一次需要表达关于抓住机遇的看法时，你就可以从收集的故事库中提取一个好故事。

技巧二：讲故事就是做编辑

就算你找到了一个能够传达自己观点的故事，并且把它详细地写了出来，你依然需要将它变成一个能打动听众的东西。这意味着编辑。当编写一个故事的时候，我喜欢问三个具体的问题。

我给听众提供了所有的正确信息吗？

你的听众很可能此前从未听过这个故事，所以务必确认你已经提供了他们所需的所有信息，以便他们能够理解故事的情节。比如，要注意突然出现的关键人物，或者那些你很熟悉、听众可能不知道的专业术语。

我描绘的画面足够生动吗？

你的目标是调动听众的情绪，所以你需要给他们足够多的细节，激发他们的想象力。这意味着寻找机会增加细节，让故事变得生动。在迪士尼的故事中，我提到了高管的穿着及助理，我们所创造的部分角色的具体形象，以及那块巨大的时间线展板。如果不想让故事情节变得过于拖沓，那就要明智地选择细节。但你也不希望这个故事听起来像一篇读书报告。

我能删掉哪些内容？

故事中任何无益于确立目标、障碍或解决之道的东西都可能被删掉。我没有深入阐述幻想工程师的历史，我小时候第一次去迪士尼乐园的经历，或者动画电影《幻想曲》中我最喜欢的一幕（米奇是魔法师的学徒——一个关于清洁的警示故事）。这些都与故事结构的三个主要组成部分无关，所以我把它们删掉了。

然而，值得注意的是，我有幸把这个故事写在了书本的页面上。但大多数故事都是口头讲述的。从我的经验来看，最好的口述故事最多也不会超过几分钟。所以，在你的故事成形时一定要记住这一点。有一条好的经验法则可以指导我们，那就是我们一分钟可以说125个单词。所以，故事的单词数量应该保持在250~300个词。

技巧三：排练

一旦你有了一份满意的草稿，是时候进行排练了。我的经验是：首先，逐字大声朗读几遍。你的目标不是记住它，而是熟悉它。到了讲故事的时候，你肯定不希望自己听上去像在背诵剧本。但你确实会想对故事的基本结构和细节有足够的把握，而不是漫无目的或者犹豫不决地讲这个故事。

接下来，拿出录音设备。你会惊讶地发现这么做有很大不同。首先，麦克风有助于你保持诚实。如果没有录音设备在旁边运行，你很容易就会匆忙结束排练，或者在磕巴的地方重新开始。但一旦有录音机在记录，你就很难作弊了。

记住首尾两句

记住整个故事会让它听上去毫无生气，这没有错。但把故事的第一句和最后一句记下来，有时是有帮助的。如果你在公开演讲时有些紧张，那么记住首尾两句会给你增添额外的自信。

技巧四：向最牛的人学习

找到一些你个人很欣赏的故事讲述者的例子，并弄明白他们为什么那么厉害——就像一位优秀的电影制片人拆解分析一位杰出导演的作品一样，又或者像一位优秀的作曲家研究莫扎特的交响曲一样。你要寻找适用于自身故事创作的各类技巧，无论大小。从他们对主题的选择，到他们所使用的语气，不一而足。也许是他们从一个事件切换到另一个事件的方式，他们开启一个特定句子的方式，他们的手势，说一个短语的节奏，或者他们的抑扬顿挫。

技巧五：不要忽视熟悉的故事

我们很容易认为，为了迷住听众，好故事需要是新颖的，或者至少是不常见的。但事实并非总是如此。实际上，有时候，讲一个听众耳熟能详的故事，比讲一个他们闻所未闻的故事，效果要更好。这是心理学家格斯·库尼、丹尼尔·吉尔伯特和蒂莫西·D.威尔逊在一项研究中的发现。[11]

这三位研究人员募集 90 名哈佛大学本科生，做了一系列实验。在其中一个实验中，参与者被分成三人一组的小组。每组中，两名学生被选为听众，另一名学生则被指定为故事讲述者。研究人员向两名听众播放了一个 10 分钟的视频故事，我们称之为视频 A。在另一个单独的房间里，故事讲述者要么观看了视频 A，要么观看了一段与之完全不同的视频 B。当小组成员会合时，故事讲述者需要对自己刚刚观看的视频进行两分钟的讲述。

然而，在此之前，研究人员要求故事讲述者预测听众会对自己观看过的视频 A 的复述反应更积极，还是会对自己没看过的视频 B 反应更积极。大多数故事讲述者都认为听众会喜欢一个新颖的故事。但事实上，听众听到一个新故事的反应，比听到一个他们刚刚看过的故事的反应更为消极。换句话说，故事讲述者遭受了研究人员所说的"新颖惩罚"。[12]

为什么人们会更喜欢一个自己已经知晓的故事，而不是一个自己从未听过的故事？这是一个复杂的问题。但库尼、吉尔伯特和威尔逊给出的一个理由是："与新颖的故事不同的是，熟悉的故事激活了听众关于自己过去经历的记忆，因此很可能触发丰富的情感。"[13]

这个解释，你越想就越会觉得有道理。在第二次或第三次观看某些电影时，你能感受到比第一次看时更加强大的冲击力。听一首你所知、所爱的歌比第一次听一首新歌所触发的情感深刻得多。同样，如果你的目标是传递信息，那么使用听众已经建立了情感联系的一个故事，可能会成为一个巨大的优势。

很多年前，从刚成为一个具有说服力的故事讲述者的那些经历中，我学会了这一点。我曾被邀请在高中毕业典礼上发表演讲。如果你曾经耐着性子听完一场这种毕业典礼式演讲，你就会知道，即使演讲者有一个真正深刻的睿智观点要传递，这种演讲也很难达到预期效果，或者显得像陈词滥调。如果你的听众是一群疲惫不堪的高中生和他们的父母，那么这种风险就更大了。

但我下定决心不让这种事发生。我想传达的信息很简单：我们的生命异常宝贵，转瞬即逝，不能白白浪费自己的人生。我知道传递这一理念的最好方式是讲故事。所以我找到了一个故事，我知道它对于我的听众来说既十分熟悉又能引发情感共鸣——雷德利·斯科特的反乌托邦杰作《银翼杀手》，改编自菲利普·K.迪克的短篇小说《仿生人会梦见电子羊吗？》。《银翼杀手》要解决的主要问题是"成为人类意味着什么"。

这部电影中的故事发生在未来的洛杉矶，在那里，被称为"复制人"的仿生人生活在人类中间。哈里森·福特饰演的男主角戴克曾经是一名警察，如今则是一名"银翼杀手"——一种负责追踪并杀死这些仿生人的赏金猎人。

很多听众都知道这个故事。不管是不是科幻迷，几乎每一个青少年都至少听说过这部电影。像我一样，他们中的很多人被它迷住了。所以我充分利用这种熟悉感，在演讲结束时重述了影片标志性的最后一幕。戴克在追踪一个非常危险的复制人，名叫罗伊，由鲁特格尔·哈尔出色饰演。罗伊拼命地想要活着，活得像人一样，他相信值得为自己的生命奋斗。在一场制作精良的暴雨戏中，戴克在公寓屋顶之间跳跃，最后攀在一座建筑物的壁架上，摇摇欲坠。就在那时，身为复制人的罗伊做了一件让人意想不到的事情——他救下了正在追捕他的戴克。随后，这个复制人说出了这部电影中著名的"雨中泪水"独白，这段独白比我所能写的任何内容都更加美丽地展现了生命宝贵而短暂的本质：

> 我见过的许多事物，你们人类都无法置信。我见过许多太空战舰在猎户座旁熊熊燃烧。我见过C射线在唐怀瑟之门附近的一片幽黑中闪耀。所有这些瞬间，都将消失在时间的洪流之中，就像泪水消失在雨中。是时候离开这个世界了。

罗伊的生命以一个人性化的行为告终，他拯救了戴克的生命，尽管戴克原本打算杀死他。即使是他，一个试图杀死赏金猎人的仿生人，也无法否认人类生命的惊人价值。如果仿生人都能意识到生命的价值和短暂，那么一群高中生就更不应该浪费时间了。

这是我对毕业班学生所说的最后一句话。我希望，这将鼓励他们在短暂的一生中经历他们所能经历的一切，就像我自己所计划的那样。毕业典礼结束后，我从未与之谋面的一些朋友的家人找到我，他们都表示很喜欢这个主题。然而，如果听众从未看过这部电影或从未与它产生过任何联系，或者如果它没有在当今流行文化中占据一席之地，那么这个故事就不会有那么强大的影响力了。他们能在脑海中看到我复述的那一幕。他们进入了神移状态。

一个故事闻名于世，并不意味着它不能出色地传递一条具有说服力的信息。在某些情况下，熟悉正是我们所需要的。

小结

从人类在地球上生活的最早时期开始，我们就一直在互相讲着故事——这也是我们能够繁衍至今的原因之一。故事是我们讲述历史、传递价值观的方式，也是我们构建新信息、理解周遭世界的方式。

所以，如果你无意中发现了一个极具感染力的故事，那就紧紧抓住它——无论是个人逸事还是文学作品，无论是独特的经历还是曾经引领潮流的大众文化，都是如此。确保它有目标，有障碍，有解决之道。还有，让它成为你自己的故事。

如果你的目标是改变别人的思想并让他们付诸行动，那么学习讲述具有说服力的、有意义的故事便至关重要，而且它带给你的好处将远远超过任何逻辑论证。推理也许能揭示我们为什么要相信某个真理，但一个精彩的故事效果更好：它会将我们带到一个我们可以亲眼看到或者亲身体验那个真理的地方。

正如心理学家乔纳森·海特所说的："人类的大脑是一个故事处理器，而非逻辑处理器。"[14]

第三章

永远不要执着于成交

因为在一生中,只有一件事情最为重要:让他们在虚线上签名。A,B,C。A——一定(always),B——要(be),C——成交(closing)。一定要成交。一定要成交……你感兴趣吗?我知道你很感兴趣,因为就两种选择:要么干,要么滚。你要么签单,要么走人。

——电影《大亨游戏》中布莱克的台词

纯粹以交易的方式思考和行动，会妨碍你说服他人。当然，说服就是让某个人表示赞同。但这只是短视思维，永远不会成就真正的说服。为了创造让别人支持你的条件，你必须清楚，你关心的不仅仅是自己眼前的利益。

在所有的人际交往过程中，都要呈现真实的自我，这对于培养具有说服力的品格而言必不可少。如果你的目标是赢得某人的支持，那么着重表现自己的人性、建立人际关系会给你带来真正的回报。

当我们被一个特定的决策左右时，我们常常会评估传递信息的人及其品质和动机，这些内容和其他信息一样重要。我们扪心自问："这个人值得信赖吗？""这个人是适合一起做生意的那种人吗？"或者，更常见的是："这对她有什么好处？""他此刻的立场是什么？"如果一个人明显的目标仅仅是让我们买东西或者签订合同，那么这种目的性就会显露出来，让那个人变得更加难以信任，而且更加缺乏说服力。

说服并非强迫你的受众做你想让他们做的事情。相反，说服是吸引受众得出一个特定的结论，并且让他们自己去达成目标。毕竟，大家总是更喜欢被别人引导，而不是被别人逼迫。想让某人接受你的立场，不妨通过最人性化的行为——讲故事，来让对方投入情感。

现在，我们来关注一些人格特质和习惯，它们通过让你的人际互动不只局限于眼下决策，而是触及更宏大、更长期、更人性化的层面来吸引他人。在大多数情况下，培养这些特质需要避开一些常见的陷阱，这些陷阱会使我们的人际关系缺乏真诚，更显市侩。这首先要求我们摒弃一系列定义说服力的传统观念。

为什么"一定要成交"总是个错误

1992年上映的电影《大亨游戏》改编自大卫·马梅特的戏剧，其中有一个经典桥段，亚历克·鲍德温饰演的角色布莱克站在一屋子的销售员面前，讲授一门关于推销术基础知识的辅导课程。他的要点在于："A，B，C。一定要成交。"这是一条久负盛名的销售魔咒，其历史可以追溯到几十年前，甚至更早。它恰恰也是完全错误的。

事实上，"一定要成交"的销售方法与触及灵魂的说服背道而驰。它在过去可能奏效，但当今的低信任度世界需要一种完全不同的说服方法。这句臭名昭著的格言背后的基本假设是，一个人在劝说别人的过程中所说或所做的一切，都应该纯粹是为了让对方点头答应。这其实是激进地迫使你的受众做出你希望他们做的决定，不管这个决定是否符合他们自身的利益。这是一种不择手段达成交易的方法。

这也是最粗浅的短视思维。这种方法企图摆布他人，但丝毫不起作用。人们不愿意被迫做出决定，而是想根据自己的情况，出于自己的原因，在自己选择的时间为了自己做出决定。

咄咄逼人、连珠炮似的说话风格，只不过证实了人们对你的动机所做的最坏揣测。这提醒他们，对你而言，眼下的决定纯粹是为了达成交易，而且为了让他们实现你的愿望，你很可能会在语言和行动上无所不用其极。我的另一位偶像布鲁斯·斯普林斯汀在他的歌曲《荒原》（"Badlands"）中优美地概括了这种人性观，他如是唱道：

> 穷人想变成富人
> 富人想成为国王
> 国王永不满足
> 除非他能统治一切

《荒原》讲的就是人们从不满足，总是试图得到更多。正是这种不择手段求胜的态度，扼杀了说服力。在大多数具有说服力的交流互动中，人们其实早已知道你对他们有所图。唯一能将这种情形升华到单纯交易之上的方法就是向他们证明,你关心的不仅仅是自己眼前的利益——也不仅仅是成为富人、成为国王或统治一切。所以,如果你发现自己陷入了"一定要成交"的模式,那么你绝对已经误入歧途了。

别做一个品牌,做一个真实的人

从过去几十年中的某个时刻起,人们把自己说成一个品牌已成为潮流。这一理念可以追溯到1997年,当时商业杂志 *Fast Company*(中文版为《快公司》)刊登了一篇题为《名叫"你"的品牌》的著名文章。[1] 从那时起,人们对培养个人品牌的说服力的信念固化成了一种传统观念。关于"个人品牌"的课程已经成为商学院的主打,但大多数人在教育早期就知道了这个概念。[2] 大学生经常被教导,打造个人品牌可以帮助他们在毕业后站稳脚跟。即使是高三学生,也被建议建立个人"品牌资产",以便进入梦想的大学。[3] 个中理念在于,精心设计的完美公众形象,以及贯穿所有社交媒体渠道的统一"品牌声音",可以帮助一个人向全世界推销自己。

但作为一个成天与顶级品牌打交道的人,我发现这一整套想法都过时了。"个人品牌"这一概念的基础,是一个已经不再适用的品牌观念。这种观点认为,品牌是精心设计的企业形象,其战略目标只有一个:盈利。总之,它们是与交易相关的。

但这已经不再是品牌的意义了。事实上,如今的大多数品牌都在竭力摆脱这种理念。Mekanism所做的很多工作都是为了赋予品牌意义和真正的情感共鸣。换言之，我们的工作是让品牌看起来更加人性化、更容易引发共鸣。这就是我们如此重视讲故事的原因。

这也是我们要求客户投资那些不以盈利为目标的项目的原因。通过我们开发的一个名为"获得成功"（Make Good）的公式，Mekanism与品牌共同确定了其核心目标——品牌超越盈利的存在原因。从这一点出发，我们帮助确定与该目标相符的社会利益形式，并寻找路径来促进这种社会利益，而不是纯粹地为品牌服务。这能帮助品牌变得更加触及灵魂。

旧有的、利润驱动的、交易型的品牌模式会让消费者感到冷酷，所以我们的工作不可或缺。Meaningful Brands机构的一项调查显示，即使自己常用的品牌中有四分之三明天就彻底消失不见，美国消费者也不会在意。[4]

另外，那些表现出自己关心的不仅仅是盈利的品牌，往往更善于让消费者产生共鸣。《2018年科恩/波特·诺韦利目标报告》（The 2018 Cone/Porter Novelli Purpose Study）发现，88%的美国人会购买目标导向型公司的产品。因此，虽然四分之三的美国人并不在乎他们所使用的品牌，但88%的人希望从有目标的品牌那里购买商品。这些数字实在是太惊人了，不容忽视。这就是为什么现代品牌必须提供一种产品或者服务，赚取利润，并支持某个有意义的事物。很多品牌都在这方面取得了巨大的成功，其中就包括我们的品牌合作伙伴Ben & Jerry's，它用冰激凌来帮助对抗种族不平等，促进公平贸易，并动员选民投票；Warby Parker这家眼镜公司自成立起就推出了"买一送一"的模式；当然还有巴塔哥尼亚（Patagonia），它是一家在环境保护方面具有全球影响力的公司。

我们情感反应的对象，以及我们与之自然建立关系的事物，不是一系列企业形象，而是其他活生生的、呼吸着的人。我们的工作能帮助品牌采纳人的许多特质，部分是通过赋予品牌超越单纯利润的目标和意义。市场研究人员将这一现象称为"品牌拟人化"，它本质上就是帮助品牌进行人格化。还有大量的文献旨在揭示品牌拟人化如何发挥其具有说服力的魔力，以及哪些因素最终使品牌显得更加人性化。[5]

这就提出了一个显而易见的问题：如果今天的品牌如此热衷于变得更像人，那么为什么个人反而会如此渴望成为过时的品牌呢？要说有什么区别的话，具有说服力的个人品格规避了传统品牌中许多令人厌烦的特质，尤其是重视利益最大化以及对外观的痴迷。

这也是讽刺新闻组织洋葱新闻的一个标题背后的洞见："'我是个品牌。'可怜的人如是说。"文章顺便用"一个男人可悲的借口"和"无药可救的"来描述这个虚构的人。[6]

两个品牌的故事

难怪近年来我所看到的一些最严重的营销失误，都发生在某家公司证实了自身品牌相关负面偏见的时候。我最喜欢的一个例子是几年前麦当劳的"我创我味来"活动。活动创意是让顾客使用店内的触摸显示屏来定制汉堡。顾客也可以在网上提交他们的创意，随后公众便可以投票选出他们最喜欢的汉堡。

当这项活动推广到新西兰时，它很快成为网络恶搞的目标。网络上充斥着名为"打我屁屁吧，爸爸""瘦人特权"之类不恰当的提交作品。[7]

这个活动背后的想法是好的。麦当劳试图表明，它关心顾客的独特偏好，并愿意付出额外的努力，让顾客能够对菜单有某种创造性的控制权。一群小丑劫持了这场活动，但这并非麦当劳的过错。然而，当事情逐渐往危险的方向发展时，麦当劳并没有做出像一个真正的人那样的反应。麦当劳没有像一个真正的人那样承认这件事，进行解释，甚至自嘲，而是关闭了网站，假装什么都没有发生。

我们可以将这一事件与另一个顶级品牌沃尔玛的类似众包事故进行比较。2012年，沃尔玛发起了一场活动，承诺将邀请音乐艺术家皮普保罗去脸书上点赞量最多的沃尔玛超市所在地进行现场表演。与麦当劳的活动一样，这场活动也是一种超越冷漠交易的尝试，它通过与顾客进行互动并完成某件不仅关乎利润最大化的事情来达到这一目的。然而，仿佛受到了某种暗示，恶意挑衅的帖子又一次纷至沓来。利用"#放逐皮普保罗"的标签，两个互联网恶作剧者发起了一场活动，企图将这名说唱歌手送到美国最偏远的沃尔玛所在地——位于阿拉斯加的科迪亚克岛，岛上居民仅有 6 130 人。[8]

沃尔玛本可以轻易地做出像麦当劳那样的反应，减少自己的损失，并悄无声息地停止这一活动——只不过是另一家为了保护自己的形象而谨慎行事的公司罢了。但它没有这么做，相反，它紧紧地跟上了网络潮流。皮普保罗发布了一段视频，宣布他确实将前往阿拉斯加的科迪亚克。虽然这件事"起源于某个人的一场恶作剧"，但皮普保罗表示："你必须明白，我愿意为粉丝们远走天涯，天南海北在所不辞。"[9]随后，他做出了一个非常棒的举动——他邀请一手策划"#放逐皮普保罗"事件的《波士顿凤凰报》的作者戴维·索普加入他的旅程，甚至晒出了两人的合影。

通过像真实的人一样做出回应，沃尔玛成功地将一个潜在的错误扭转为大规模的正面宣传和商誉提升。而且，如果没有发生这一事件，这场活动也不会得到如此广泛的宣传报道。毕竟，在听完整个故事之后，你很难不支持沃尔玛这个品牌，而去支持那些试图让这家公司难堪、欺负它的家伙。

不要浪费你的人性

对于一个品牌来说，展现人性需要大量的思考、努力和运气。但你我已经是真实的人类了。如果你的目标是具备说服力，那么你最不该做的就是浪费这种优势，把自己包装成另一个"品牌"。

人比品牌更具说服力。想想尼尔森的《2015年全球广告信任度调查报告》，它调查了消费者最有可能信任的广告类型。到目前为止，最广受信任的形式是亲友的推荐，83%的受访者表示，他们至少在大多数时候都信任这类推荐。与此同时，2/3的人表示，他们倾向于信任陌生人的在线评论。品牌赞助和品牌电子邮件获得的信任度则远远落后。[10] 总的来说，许多人宁愿相信陌生人，也不愿相信品牌。

这一点在意料之中，因为人类至少有可能为了共同的利益而表现得无私或者做出牺牲。我们可以被超越金钱的价值观和目标激励。我们关心公平、友谊和忠诚等事物。当然，从本质上说，最具说服力的互动都是交易性的——你想要从对方那里获得一些东西。但受众需要其他东西才能被说服。他们需要直观地感受到，说服者关心的不只是得到肯定。高效的说服者关心的是目标，他们能够触及灵魂。

让交易见鬼去吧

老旧的"一定要成交"方法，以及当前我们对"个人品牌"的关注，都是一种过时的说服方式的例证。具体来说，这些策略太过强调说服性互动的交易性，而轻视或者完全忽视了那些真正改变人们的想法并促使人们采取行动的人性化考虑因素。取代这种短期性说服技巧的最佳方案，能够为了服务大局而牺牲获取即时收益的机会——或者正如我喜欢说的那样，放长线钓大鱼。

放长线钓大鱼

交易是为了得到你想要的，放长线则是为了建立关系。"一定要成交"是推着人们去做某件事；放长线则是通过在人性化层面让人们参与进来，将他们拉向你看待事物的方式。旧的交易式销售方法实际上是向你的受众宣布他们正在被推销某件东西，放长线的重点则并非眼前的决定。

我见过的最伟大的放长线专家，也许就是传奇的人才经理谢普·戈登。他是娱乐界一些最伟大表演的幕后操刀人，包括艾利斯·库珀、金发女郎乐队、瑞克·詹姆斯和吉米·亨德里克斯的演出。他还发明了"明星大厨"的概念，代表人物有埃默里尔·拉加斯、沃尔夫冈·帕克和达尼埃尔·布吕。[11] 他深受好莱坞和英国王室的喜爱。

令人惊讶的是，在娱乐业和餐饮业耕耘的半个世纪里，戈登是在没有签订任何正式合同的情况下，缔造了这样一份豪华的客户名单。他的关系基本完全建立在握手的基础上。握手！正如他所解释的那样，他从不喜欢把合同带入合作，"因为我不想要那一刻。我是说，如果你觉得我没有给你带来价值，如果你认为这是一种单向的关系，那就去找别人"[12]。他对自己的能力和才华充满信心。

他做的是慈悲生意——他称之为"礼券"，指的是他给身处困难时期的客户或朋友的帮助或借款。当传奇喜剧演员格劳乔·马克斯在晚年苦苦挣扎之时，谢普兑现了其中一些"礼券"，以重振格劳乔的事业。

这种做生意的方式让与他共事的人从一开始就知道，他感兴趣的不是眼前的交易，而是长期的关系。正是这种动力让世界上最伟大的明星们都信任他，请他帮忙维护他们的利益。当然，他放弃了不少收入。但如果他只专注于将自己的财富最大化，那他永远也不会取得现在所拥有的成功，或者像现在这么有影响力。

谢普曾说服艾利斯·库珀从美国来到英国温布利球场进行表演，这个例子可以说明他是如何出色地构建职业生涯的。"那场演出有 10 000 个座位。但我们只卖出去 50 张票。所以我在想，我该如何让英国的人知道并关心谁是艾利斯·库珀？"

谢普看准了一个简单的事实，就此建立了艾利斯的事业：青少年想做父母不想让他们做的任何事情。于是，谢普想出了一个又快又便宜的计划。他打印了一张巨大的照片，并将其贴在一辆行驶的卡车侧面——只见照片上艾利斯·库珀赤身裸体，一条蛇缠绕其身。随后，他付钱给司机，以确保卡车在上下班高峰期在皮卡迪利广场抛锚，堵塞交通。谢普还戏弄了所有的英国小报一把，告诉它们皮卡迪利广场即将发生重要的事情，它们需要进行报道。所以在上下班高峰期，皮卡迪利广场中央立着的是这块巨大的广告牌，上面是裸体的艾利斯·库珀，他的身上缠着一条蛇，几十家新闻媒体在拍照，本地新闻频道在摄像，还有数百名警察和一群被困的伦敦人。青少年喜欢这个噱头，成年人则厌恶不已。艾利斯·库珀第二天便登上了所有的小报和新闻报道，他的温布利球场演唱会门票在 24 小时内便售罄。此外，艾利斯反抗父母的颂歌《毕业了》在英国音乐榜单占据了榜首位置。这种活力四射、大胆冒险和敏捷思维，使谢普成为客户不可或缺的选择，而且他们的合作只需一次握手便足矣。

纪录片《超级戈登》完全是献给谢普和让他深受客户喜爱的那种风格的一部作品。片名再贴切不过了。① 其中，mensch 是一个意第绪语单词，指的是一个正直和有声望的人，可以直接翻译为"人"。

在我自己的生意往来中，握手和放长线的方法也非常有效。我的朋友乔恩·比尔经营着杰克·泰勒公关公司。多年来，我们培养出了一种关系——互相帮助，互相介绍客户，给对方出主意，并且互相照顾。乔恩曾带着一个真正令人鼓舞的、有点儿令人难以置信的创业想法来找我。他和一个名叫布伦特·安德伍德的合伙人计划投资一座位于加州因约山的鬼城，大概在洛杉矶以北 200 英里② 处。¹³这个地方被称为塞罗戈多，是真正的荒野西部的一部分，有老旧的酒吧和剧院，正在出售之中。塞罗戈多的意思是"肥胖的山丘"，它拥有 22 栋建筑，包括一座教堂和一家废弃的酒店。19 世纪晚期，它是加州最大的白银产地。它目前处于相当破败和未受改造的状态之中，人们还认为那里闹鬼。乔恩和布伦特计划把它变成一个度假胜地，引入各种现代化的便利设施，但并不破坏其历史风貌。

他俩想让我投资并加入这个项目。乔恩来找我，问我是否愿意把辛苦挣的钱投入一座废弃的鬼城。

---

① 该纪录片的英文原名为 *Supermensch: The Legend of Shep Gordon*，直译为《超人：谢普·戈登的传奇故事》。——编者注
② 1 英里约为 1.61 千米。——编者注

如果是其他人的话，我会非常怀疑。毕竟，乔恩是想让我成为荒郊野外一堆破败建筑的主人之一。是不是很像《大亨游戏》里面的剧情？但这并不只是随随便便一个人在推销。乔恩和我建立了默契；他总是免费向我提供建议，而且此前从未试图利用这种关系。我很清楚，他如果不认为我能从这个项目中获益，就不会来找我。所以我给他开了一张支票——只是基于他在我们交往的过程中所塑造的品格。和谢普一样，握手对我来说已经足够了。乔恩使用了放长线的方法，在这种情况下，我很乐意回报他。我们其他的朋友也都这样做了，包括瑞安·霍利迪、泰罗·伊索考皮拉、凯利·穆尼，还有其他一些可以为乔恩和布伦特担保的值得信赖的人。

推销是自欺欺人

放长线方法之所以能如此有效地产生影响，一个原因在于它有助于解决说服性沟通的核心矛盾之一：当人们认为自己正在被人试图说服时，他们最终往往不太可能被说服。

我们可以看一下心理学家伊莱恩·沃尔斯特和利昂·费斯廷格1962年的一项研究。他们的目标是评估听众在说话者不知情的情况下偷听到的信息是否比说话者公开传递的信息更具说服力。为此，他们设计了一个实验，实验对象是斯坦福大学心理学入门班的学生。

实验对象被分成好几个小组，然后参观了心理实验室，这显然也是实验的一部分。在参观期间的某个时间点，实验对象被带进了一个观察室。观察室内空间很小，学生们可以透过一面单向镜看到一个大房间，用耳机进行监听，场景设置得就像警匪片里的审讯室一样。

单面镜的另一边是几个研究生，正在闲聊。正像导览员所解释的那样，由于观察区并非总有人用，所以研究生们经常把它当作休息室。随后，研究人员要求实验对象通过仔细倾听研究生们的对话，来练习他们的"盲听"技能。

事情变得有意思起来。一些实验对象被引导相信，单面镜另一边的研究生们并不知道他们在监听。他们以为自己是在偷听私人谈话。然而，其他实验对象被告知，他们正在监听的研究生们完全清楚镜子的另一边有听众。

在这两种情况下，研究生们都进行了一场冗长而详细的讨论，解释吸烟并不会真正导致肺癌。他们引用了一系列虚构的科学研究，还举了一个例子，证明为什么吸烟甚至可能有益于健康，因为它能帮助人们放松。当然，这完全是胡说八道，但研究生们的论证听起来很合理。

果然，与那些知道研究生们是在为听众表演的实验对象相比，那些认为自己是在偷听谈话的实验对象，更容易被这种虚假的讨论左右。换言之，偷听到的信息比被故意告知的信息更具说服力。

沃尔斯特和费斯廷格指出了其中一个原因：公开说出信息时，听众可能会怀疑说话者是在试图左右他们，有不可告人的动机。然而，当你偶然听到某件事时，你甚至都不会想到这一点。[14] 据你所知，说话的人根本不知道你在听，那他怎么会是试图说服你的人呢？

这是有道理的。如果某个销售员直接告诉我应该买一部苹果手机而不是一部安卓手机，我想到的第一件事就是："这对他有什么好处？"但当我无意中听到那个人和他站在收银机后的同事谈论为什么苹果生产的是高级手机时，我就被说服了。我不会去想他正在试图影响我。

你不会雇用一群演员在城里四处闲逛，为你的信息背书，然后寄希望于他们的话会被别人偷听到。但向人们强行推销，很难改变对方的信念——这样做也许是最坏的方式。人们需要知道，他们是否信任你，你的观点是否值得被认可，或者他们是否应该购买你所销售的东西，都是出于自己的决定。允许他们这样做，就涉及放长线的方法。

"网红"并非徒有虚名

从广告商所说的"网红营销"中可以看出放长线方法的说服力。这种销售方法依赖于社交媒体名人的影响力，他们另一个众所周知的名字就是"网红"。

在优兔和照片墙等平台上收获庞大粉丝群的人，主要靠的就是放长线这一招。他们开诚布公地展示自己的价值观、兴趣和性格，从而与粉丝建立了信任。与此同时，经过数月或数年的日常曝光，粉丝逐渐了解并爱上了这些"网红"。正如 Mekanism 的社交媒体及"网红营销"分部 Epic Signal 的负责人布伦丹·加恩所写的那样："优兔博主，尤其是视频博主，能够与他们的粉丝建立一种关系，这对观众而言感觉就跟长久而深厚的友谊一样亲密。"[15]

因此，一个优兔名人分享某个品牌的信息，便给它的产品带来了一定程度的可信度和说服力，而这只有通过"网红"对其粉丝所做的长期投入才能实现。这就是为什么一个合适的社交媒体"网红"只需提及某个信息，就可能造成某个在线零售网站的系统瘫痪，或者吸引成群的人去参加某个活动。

这些人并不是品牌，他们中的大多数人也不做快速销售的买卖。他们是善于建立真正的、有人情味的关系的人。这些社交媒体明星之所以具备强大的说服力，是因为他们培养了信赖、尊重和影响力，换句话说，放长线就意味着要培养信赖、尊重和影响力。

如何放长线

要想塑造这种品格，你应该遵守一些准则，以获得放长线方法所带来的深厚而持续的回报。

准则 1：永远不要推销你自己都不会买的东西

这个理念简单至极：如果你并不信任自己正在推销的创意、产品、度假目的地、餐厅或者音乐会，那你就不应该推销它——仅此而已。

你也许可以时不时地侥幸逃脱狡猾虚伪带来的惩罚。但如果你经常推销自己并不信任的东西，甚至是连自己都怀疑的东西，那你很快就会遭到惩罚。随着时间的推移，人们会从无数方面明显看出，你不是那种值得信任的人。你绝对会获得这样的名声。

这里的挑战在于，生活永远在为我们提供违背这一准则的诱人机会。总有那么一些时候，采取一种你实际上并不支持的立场会很方便或可能有利可图。因此，有一点至关重要，那就是每当你想改变某个人的想法时，不妨扪心自问："如果这个人接受了我的立场，他会得到好处吗？或者，我之所以想影响他，是为了充实自己，让自己的生活变得更加轻松，避免更多的工作，或者推进其他某个目标吗？"

答案通常很明显，但并非总是如此。我们非常善于欺骗自己，当真相阻碍了我们满足即时欲望的需求时，更是如此。在你开始劝说别人之前，花点儿时间和自己坦诚对话，这能帮助你控制这种冲动。

这个过程始于一个有意识的决定：拒绝说服任何人去做任何你自己都不会做的事情，从而让自己负起责任来。

在藤蔓上枯萎：不诚实劝说的高昂代价

我自己所经历的一些最大的失败，都被我转变成了学习的机会，但其实它们的直接原因就在于我推销了自己并不相信的东西。几年前就出现过一个令人难忘的案例，我的一位同事想利用被炒得很火的社交媒体技术 Vine。首先给不记得的朋友提示一下，Vine

是推特[①]旗下的一个视频平台，允许用户发布6秒的循环播放视频。它是优兔的简易版本，也是脸书和照片墙的类似视频功能的先驱。当时，它似乎是下一个风口。

正如我的同事安德烈·里恰尔迪所看到的那样，Vine有一个大问题，那就是观看视频存在真正的限制。比如，用户无法管理或搜索Vine上的循环视频。既没有专门的频道，也没有一个单独的地方聚合它们。他的想法是利用Mekanism的资源构建一个Vine的搜索引擎，我们给它取了个恰如其分的名字：PEEKit。当他和其他一些同事第一次带着这个想法来找我时，他们觉得这是一个千载难逢的赚大钱的机会。当时，推特正在疯狂收购，以小额资金收购了TweetDeck和Tweetie等公司。[16] 所有这些科技公司所提供的，都是组织和查看推文的更好方式。我们推断，如果我们能为Vine上的循环视频做同样的事情，推特也能让我们赚上一笔。

除此之外，如果Vine实现了飞跃式的发展，我们便能将现有的客户纳入其中，为他们提供PEEKit上各类Vine频道里的最佳广告位。当时，Mekanism已经因在社交媒体营销领域占据领军地位而出名，因此这看上去像是一条可以巩固自己声誉的明显路径。推特甚至在Vine推出服务之前就已经从创始人手中买下了它，这一点让我们变得更加笃定。我们认为，如果硅谷科技界的亿万富翁们都如此喜欢这一产品，那么我们必然能从中大赚一笔。所以我和搭档都同意支持这个项目。

[①] 现已改名为X。——编者注

但我从来没有真正发自内心地喜欢它。老实说，我不明白为什么有人会使用 Vine，也不明白为什么它会受到如此多的关注。我也不确定人们是否需要一个网站来聚合这些超短视频并提供搜索功能。我的意思是，推特上充满自由流动的、浓缩的思想和对话。拍得一团糟的 6 秒视频并不是推特体验的核心。

经过我们制作团队几个月的高强度工作，加上巨额资金投入，这个网站终于建成并投入运行。我向客户们推销它，并竭尽全力解释为什么这对他们的品牌来说是一个好机会。

2017 年 1 月，推特关闭了 Vine，而之前的密集宣传早已平息。事实证明，很多人对 Vine 都和我抱有一样的感觉。Vine 败下阵来，PEEKit 也随之销声匿迹。

这并不是我出力推出的第一个失败项目。未来也会有类似的砸招牌的事情发生，但只要是支持新创企业，你都得冒这个险。这个项目最让我烦恼的，并不是为了建立和推广这个平台所浪费的时间和金钱，而是我在自己并不相信这个产品的前提下竟然试图推销它。我抓住了一个自认为能赚快钱的机会。我在从交易的角度考虑这件事。如果坚持放长线，我就会坦诚地告诉自己，我并不相信这个项目，并且时刻准备抓住那些我可以真正去支持的机会。

准则 2：别害怕说"不"

在某种程度上，这是准则 1 的另一面。如果你只支持那些自己真正赞同的立场，那你就不得不对很多事情说"不"。传统的观点可能会告诉你，如果你想影响某个人，就应该尽可能人性化地说

"是"。但是没有人会信任好好先生或者好好小姐。他们为什么要信任呢？如果你说话只是为了让人们自我感觉良好，那么你就不是个可靠的信息源。另外，如果你是一个有激情、有原则、正直的诚信之人——简言之，一个有品格的人，你会发现自己经常说"不"。同样，如果你关注对方长远的幸福，而不仅仅是想从他们那儿得到自己想要的东西，那么你就必须在认为他们正在犯错的时候提醒他们，而不要任由他们犯错。有时候，这就是一段关系所需要的。

如果我认为潜在客户的营销策略构思欠妥或者不合逻辑，而且对方直接要求我给出意见，那么我会告诉他们，他们的品牌需要下一番功夫，同时我会指出原因。我会用一种专业和尊重对方意见的方式来说，尤其是在不太了解对方的情况下。如果对于某项特定工作而言，你并非潜在客户的最佳选择，那么你也要做到不怕将这一点告诉对方。有很多客户曾向我提出非常有吸引力的报价，但我不得不拒绝，有时是因为时间太紧，有时是因为我们没有合适的员工来承担相关工作。我本可以告诉他们"没问题"，收下他们的钱，然后用效果平平的活儿交差。但这样做的后果是，很可能他们再也不会给我们打电话谈合作了。

当然，当你对别人说"不"时，事情并非总是一帆风顺的。毕竟人们不太喜欢听到这个词。当交流变得紧张时，人们很容易在压力之下做出让步。以下是你必须强力反击的时刻。如果有人——可能是一个客户、一个同事、一个邻居或者其他任何人——要求我做一些有违自身操守的事情，我会毫不犹豫地予以拒绝。只要是出于一个好的、正面的理由，就坚持你的立场，不要害怕小小的冲突，这么做不但是可以接受的，而且是值得尊重的。反过来说，仅仅为了获取蝇头小利而违背自身原则、欺骗他人，从长远来看，会让你的影响力大打折扣。

在重要的时候愿意说"不"，是你应该不假思索、条件反射式地做的事情。但从说服力的角度来看，这一习惯也有战术上的好处，至少在你使用放长线策略的时候如此。放弃一个曲意逢迎或者赚快钱的机会也会向对方表明，你关心的并不是做一笔有利可图的交易，或者得到你想要的答案。它会让你变得更值得信赖，最重要的是，它会让你更有人情味。在英语中，没有比"no"（不）更有力量的单词了。当时机到来之时，它将帮助你获得合适的工作、职业或者机会。

马丁·普利斯如何利用"不"的力量创造广告史

广告史上我最喜欢的人物之一马丁·普利斯，让我明白了"不"的力量。宝马的"终极座驾"是广告史上最具传奇色彩的品牌口号之一，而他正是幕后策划者。

这一品牌口号已经持续使用了超过 40 年，可谓是前所未有的成就。它帮助宝马从一个默默无闻的巴伐利亚汽车制造商，转变为美国最具标志性的豪华汽车品牌。然而，我从与马丁的谈话中了解到，如果不是马丁自己有能力在关键时刻说"不"，那么这座广告史上的里程碑将永远不可能出现。

1974 年，普利斯和他的合伙人拉尔夫·埃米雷提、朱利安·阿夫鲁蒂克成立了广告公司 Ammirati Puris AvRutick（后更名为 A&P）。几个月后，他第一次有机会为宝马的业务做营销推广。此前他们三个都从大广告公司出走，希望自己创业，去做那个时代正在改变广告业的那种颠覆性的、让人尖叫的创意工作。

一开始，没有人会把 A&P 误认为是麦迪逊大道上一家光鲜亮丽的广告公司。Ammirati Puris AvRutick 不仅是公司的名字，除了一个秘书，它就是公司全部员工的名单。他们在纽约德尔莫尼科酒店的套房里办公。

正如普利斯所说，公司成立的最初几周是一段令人激动的时光。遗憾的是，这家刚刚起步的广告公司自开业以来还未获得任何新订单，这是个问题，因为如果情况不改善的话，不出几周时间，这家公司就会彻底破产，其股东将被迫回去为别人打工。A&P 开始不再像一家新兴的创意机构，而更像是在租来的酒店房间里消磨时光的三个男人。

A&P 公司成立最初几个月的发展停滞并非完全是个意外。事实上，这种情况有点儿故意为之。建立客户名册的标准路径不能吸引 A&P 的创始人们，尤其是埃米雷提。正如他曾经形容的："如果从小打小闹开始，你就会用余生去努力升级。"A&P 不会这样去做。在这个行业中，他们要为富有声望的客户贡献杰出的作品。招呼一大堆小客户也许能让公司持续营业，但也会让他们更难触及自己真正想做的业务："没有一个像样的蓝筹股客户想和这样的广告公司合作，而我们需要蓝筹股客户。"所以他们早期推掉了很多工作，并且相信说"不"的力量可以把自己送上行业顶端。

他们只是碰巧听到风声，一家名叫"宝马"的德国汽车公司正在认真考虑进军美国市场。普利斯通过 Young & Rubicam 广告公司的一位老朋友和宝马方面取得了联系，不久，A&P 就着手准备这个项目。然而，这个客户并非轻易就能拿下。另外两家广告公司——规模更大的 Benton & Bowles 和 Ted Bates 也获得了机会。这两家公司都有数十年与顶级品牌合作的经验，其中包括百威啤酒、M&M's 巧克力豆和高露洁牙膏。

此外，普利斯很快便意识到，将宝马引入美国市场并非易事。这家汽车制造商把自己定位为一个奢侈品牌，但其汽车与美国消费者对豪华汽车的期待相去甚远。20 世纪 70 年代早期是超级豪华型定制轿车（pimpmobile）的鼎盛时期——这种车是由金属板、铬和乙烯基塑料组成的华而不实的"大方块"，车内有很多不必要的配置，比如电动可调节座椅、仪表板上的卡地亚时钟和木质面板等。你如果花了一大笔钱，便会对自己的车抱有很高期望，也期待有丰富的配色方案供你选择。相比之下，宝马 2002 是一款紧凑型轿车，它让许多人想起了雪佛兰科维尔——一款没有一个美国人会认为它属于豪车的轿车。不过，它的价格倒是与凯迪拉克相当。

正是在慕尼黑之行期间，与宝马的一位工程师交谈时，普利斯第一次对宝马的品牌形象以及如何向美国展示它有了深刻的认识。宝马追求的是实用而非时尚。如果工程师们不必对任何人负责，如果他们能扔掉古板机构写的规则手册，他们就会制造出这种车。这是一款专为那些根据汽车的性能而非外观来评价汽车的人设计的车。

普利斯也很清楚这种车会吸引什么样的美国人——像他这样的人。普利斯属于那种把 20 世纪 60 年代明显的反文化激情与追求专业和（最重要的）经济上的成功的动力结合在一起的人，他发现有一大群和他一样的人，而且这个群体正在不断扩大——他是最早一批意识到这一点的人之一。如果有人能接受宝马汽车所传达的"追求卓越本身"的理念，那必定是富裕的婴儿潮一代。

更重要的是，普利斯很明显地感受到，那些给他父母那一代人留下深刻印象的豪车，在像他这样的人当中并不受欢迎。对于富裕的年轻人来说，林肯大陆并非优选。宝马可能就是他们心目中的车。

他有自己的洞察力。此时他需要去执行自己的想法，这意味着打造一个完美的品牌口号。他的第一反应是口号一定要诙谐风趣，比如"我们的身份象征在引擎盖之下，而非引擎盖之上"。但他知道这不对。这个口号表达了品牌的理念，但带着一丝自鸣得意。它为自己的聪明而沾沾自喜。

他不停地在墙上贴上新想的口号，想看看究竟哪一个会笑到最后。其中有一个脱颖而出："终极驾驶机器 vs 终极坐式机器。"但这次他又觉得文字游戏玩过头了。像这样的口号可能在一次性广告中会取得很好的效果，就像他的许多弃用创意所带来的最终效果一样。但品牌口号必须用不容置疑的措辞宣告宝马的身份。不过，这句话中有些东西听起来确实言之有物。就像许多伟大的创意成果一样，很多事情都来源于深思熟虑的编辑。当普利斯看着这句话时，他知道怎么做了。他心想，忘掉对比和巧妙的措辞吧，保持简单就好。关于这款车，消费者只需要知道一件事，他用四个字就能概括——"终极座驾"。对，这就是终极座驾。所有的钱都花在引擎盖以下的部分，而不是驾驶舱里的花哨装饰上。

有了这个口号，普利斯知道他有把握了。但是，他的搭档们并非像他那样笃定。他们抱怨道，这句话太简单、太冷酷、太实用主义了。这听起来甚至不像是个品牌口号。而且，没有人会在听到"机器"[①]这个词时想到奢侈品。这些都是合理的批评，你在意识到A&P的生存完全仰仗于这个口号的时候更会觉得如此。现在不是大胆试验的时候。

这里再次证明了说"不"的力量是绝对关键的。普利斯与同事意见不一，而且拒绝让步。他们创办这家公司是为了做一项伟大的、开创性的工作。就算他们即将破产，他们也最好带着真正有独创性的东西走向终局。于是，A&P前往慕尼黑参加宝马投标，准备把所有身家都押在只有普利斯真心相信会受欢迎的那四个字上。

普利斯告诉我，在应标过程中，当他说出"终极座驾"的那一刻，很明显他们已经稳稳赢得了这单生意。房间里的三位高管立刻对视，轻声讨论这个创意，在整个过程中都不住地点头、微笑。

但是，虽然客户已经彻底接受了这一创意，他们并没有对A&P的后备力量、稳定性以及（最重要的）要价感到高兴。随后是一整个月的讨价还价。宝马只想买下这个品牌口号，然后和其他广告公司合作。

普利斯再一次依靠了说"不"的力量。他坚持要么全盘接受，要么放弃合作。"他们一直说：'太贵了。'我们一直说：'这不是

[①] "终极座驾"的英文中含machine（机器）一词。——编者注

出价。它就是成交价。'"普利斯说。这时已经是 1974 年年末了，A&P 所剩的资源仅能再支撑三到四周。"这时候他们知道我们真的没有其他客户了。"普利斯告诉我，"我们看起来很蠢、很疯狂，对吧？""弱势谈判地位"说的就是这种情况。

但这三位合伙人并不打算在报价上让步，也不打算只出售自己的品牌口号。原因之一在于，他们知道宝马公司的营销负责人鲍勃·卢茨是最后拍板的人，而他很喜欢他们的创意。普利斯记得："在整场会议中，他是表现得最激动的一个。"这样做需要巨大的勇气，但他们的回答丝毫未变："如果你们不想做，那就不要做。"正如普利斯后来听到的那样，卢茨告诉他的营销团队："他们要么是世界上最聪明的人，要么是世界上最愚蠢的人。只有雇用他们，我们才能知道他们到底是什么样的人。那就雇他们吧。"

在只剩下能支撑 10 天的现金时，A&P 终于把宝马公司搞定了。每年 90 万美元（在当时是个不错的金额）的项目收入，让 A&P 的账户足以支付公司的账单，公司也有钱招兵买马了。

综观全局，一家小型广告公司的成功并没有改变世界。但普利斯的故事仍然显示了在将自己的信念变成现实时说"不"的力量。抓住一批小客户进行快速交易，以便公司能够在早期运转起来——面对这样的选择，他说"不"。当同事要求他为宝马写一个更加保险的品牌口号时，他说"不"。当汽车制造商要求他们降低报价，从而损害他们的创意愿景时，他还是坚持说"不"。在每一个例子中，普利斯都表明，他和他羽毛未丰的公司关心的不仅仅是盈利。这些决定对宝马的这个项目和普利斯接下来的职业生涯都产生了巨大的影响。

准则3：永远不要让关系降到零

真正有说服力的人更关心关系而不是交易。因此，毫无疑问，为了关系本身而建立、维持和重视关系的习惯，是培养具有说服力的品格的核心。

只有在需要你帮忙的时候才来敲门的人是不具备说服力的。之所以这么说，是因为他显然并不在乎你。他和你没有关系，他也不想和你建立关系。但是，你要努力耕耘自己的人际关系网，说服力的益处会随之而来。

从我的经验来看，最常见的关系杀手就是简单的忽视。务必采取措施以确保你的关系网中没有任何一段关系降到了零，也就是确保你与任何人失去联系的时间不会太长——能做到这一点，保持紧密的联系这件事就成功了一半。为了让保持联系这件事变得更加自动化，我使用了一些技巧，在这里分享给大家。

设置提醒

设置一个不断重复的提醒，以便与某人保持联系，通常是每季度一次。这完全取决于这个人是谁，以及你们之间有着什么样的关系。如果他们在你的联系人中足够重要，那么和他们保持联系也就至关重要。

与四个人联系

每周挑选四个人进行联系。不需要长篇电子邮件或者长时间的电话交谈，可以只是一条简单的短信——"我正在想X，它让我想起了你",也可以是一次面对面的会议,或者是一通提前约好的电话。

我会确保我和公司中的每个人都有定期的一对一谈话。这占用了很多时间,但它让每个人都有机会与首席执行官分享他们独特的见解,让我知道他们需要什么支持才能获得成功,或者他们有什么能让公司变得更好的想法。这种习惯让我能够与公司的每一位员工建立实实在在的关系,因此,这是一项很好的时间投资。

从社交转向个人

下次你在社交媒体上分享某个想法时,不管是在推特上对一档新上的电视节目大加赞扬,还是给脸书上的一篇文章点赞,别再这样做了。相反,你要浏览自己的联系人列表,找出谁会特别欣赏你的推荐或者见解,然后发送一些针对个人的电子邮件或者短信。换句话说,用你的想法来重启一场个人谈话。

让人们聚在一起

寻找机会介绍周围的人互相认识。有喜欢古典吉他的客户吗?把他介绍给你那个能够修复老款莱斯·保罗吉他的高中朋友。你的邻居正在考虑上法学院?让她和你在纽约大学法学院教授侵权法的表亲联系。不要强迫两人进行互动,你只需做个介绍,让他们自己去做剩下的事。你的目标是为了人际关系本身而重视人际关系,这也包括他人的人际关系。

把"不"当作"现在……不"

将关系放在交易之前的另一种方法是,不要把说服的互动视为结局或者"真相大白的时刻",而应该将其视为开始,或者一段更宏大关系中的片段。

比如，如果我努力争取的一个客户拒绝了我，我不会把这看作"不"，而会看作"现在……不"。即使近期没有明显的机会可以改变这个客户的想法，我也会这么做。为什么？因为我打算和这个人保持联系，很可能会再次和他打交道。当我这么做时，那句"不"就会变成我们关系发展过程中的一件小事，仅此而已。这种关系可能会在未来带来新的更好的事情，也可能不会，但这次推销并不是一段关系的终结。

这种思维转变的一个好处是，它会减轻这次推销本身的压力，让我在与推销对象的互动中更加自信、更加放松，也不那么绝望。反过来，这也有助于让客户觉得自己做出某个决定，并不是因为受到某个满头大汗的推销员的逼迫。它把重点从交易转移到了关系上，即使其中的区别只不过存在于潜意识层面。习惯性地不经思考就用这种方式构想各类情景，是具有说服力的品格的一个特征。

在我的整个职业生涯中，这个概括性观点对我帮助很大。事实上，我可以肯定地说，如果我们没有学会精准地以这种方式将关系置于交易之上，Mekanism 就无法赢得我们目前最大的客户之一——金融服务公司嘉信理财。

我们已经和这个品牌合作了超过 5 年。但在最初寻求合作的时候，他们甚至不让我们进门进行官方宣讲。然而，我们并未将他们的反应视为坚决的"不"，而是将其视为"现在……不"。在接下来的几年里，我们团队始终强调要与该公司的相关人员保持联系。

我们确保他们每季度都会收到我们公司的电子邮件，里面展示着我们所获得的各类奖项和成就——这不是单纯为了炫耀，而是为了让他们成为我们公司社群的非正式成员。最重要的是，我们确保这样做不要求任何回报。我们维系着和对方的关系，让嘉信理财对我们做生意的方式和我们为其他客户所做的工作有所了解，而不是一味地进行推销。每到新年，我们都会给该公司寄去品牌礼物。我们保持着联系，而且谨记永远不要让彼此的关系降到零。

最终我们获得了一个小项目，我们把它当作自己职业生涯中最重要的工作去对待。那个项目变成了另一个项目。果然，当嘉信理财开始在市场上寻找新的广告公司时，我们是直接的竞争者，并且拿下了那一单。这在很大程度上是因为我们一直和该公司保持着联系，而且一直在表明我们关心这段关系。如果我们想要的只是一份签了字的合同，那么多年来保持联系并非一种十分有效的方式。我们这么做是为了长期利益，因此今天我们公司依然是它的合作伙伴。

准则 4：共担风险

当然，建立长期关系并非总是足够的。很多时候，你会发现自己不得不说服那些刚刚结识的人。在这些情况下，你需要寻找其他方式来树立形象，将自己塑造成一个关心他人长期利益而不仅仅是自己眼前利益的人。一个策略是共担风险。具体怎么做呢？承担眼前任何决策所涉及风险的一部分。

一些最有效的广告依靠的正是这一准则。西北大学凯洛格商学院的研究人员在一项课题中研究了消费者心目中最有效的广告信息类型，排在榜首的是那些包含退款保障以及承诺某特定产品的价格与竞品的最低价格相当的广告。[17]这些并非 Mekanism 所做的那种广告，但研究发现击中了要害。

在这两个例子中，商家都表现出了一点，即与成交或从交易中榨取最多利润相比，消费者的利益更为重要。换言之，商家在以牺牲短期利益为代价投资长期关系。顺便提一句，根据西北大学凯洛格商学院的研究，那些通过利用限时优惠来迫使消费者迅速做出决定的广告，属于最不受信任的广告信息之一——这是一种典型的强行推销，务必避免。

如果你想说服一位新朋友去日本餐厅而非墨西哥酒馆，你可能会主动提出自己买单，并表示如果他对你一直想吃的彩虹寿司感到失望的话，你下次就带他去墨西哥酒馆。这种方法不仅能将他人的风险降到最低，还能向对方表明你关心他是否满意，而不仅仅是你自己是否满意，而且如果他对自己的决定不满意，你愿意承担后果。

如果你并不真正认为对方会喜欢寿司，那么一开始就不应该试图改变他的想法。但是，共担风险是一个凸显你这方面的品格的极佳办法。

小结

一个奇怪的讽刺之处在于，一些最著名的关于销售的建议实际上破坏了我们所拥有的最强大的说服工具——人性。

无论是当前对"个人品牌"的痴迷，还是老派的口号"一定要成交"，这些技巧似乎都将说服力降到了纯粹的交易性水平。这种观点认为，说服不过是一种巧妙地表达"给我我想要的"的方式。整体来看，这种观点不光极不体面，也毫无效果。人们不喜欢被推销东西，宁愿和一个人而不是一个品牌打交道。

关系重于交易。放长线总是个更好的选择。四条准则：

1. 永远不要推销你自己都不会买的东西。
2. 别害怕说"不"。
3. 永远不要让关系降到零。
4. 共担风险。

当我发现自己陷入"一定要成交"的模式，并努力去强行推销的时候，那通常是因为我没有遵守上述准则中的一条或多条。理想情况下，这些核心准则将变得接近第二天性。但在此之前，坚持这些准则需要付出努力和专注。

当你使用放长线的方法去说服别人时，你永远都不只会实现成交。

总结
原则一：独创性

在每一次互动中，都要展示真正的、有独创性的自我，这是培养触及灵魂的说服力的必要条件。大多数人都能凭直觉识别出虚情假意。如果你隐藏自己的真实意图，没有在人性层面让对方产生共鸣，或者沉迷于纯粹的交易性思维，那么不管你多么努力，它都会自己暴露。

有三个习惯，如果合在一起，便可以击溃这种虚伪做作，让你的听众知道，你是一个真实的、有个性的人，你展露的是真正的自我。

做你自己——其他角色已经有人扮演了

我们时常想成为别人希望我们成为的那种人，在个人印象至关重要的高风险互动中尤为如此。但这个观点是错的。

你的目标应该是不再关注别人对你的看法，并且有话直说。不要害怕展露你的个人特质和感情。树立榜样，从他们的独特性中汲取能量。还要坚持你的核心价值观。

学会成为一个优秀的故事讲述者

事实、论据和理性也许能让你与听众进行智力上的沟通，但要真正做到吸引人，你还需要讲故事。如果你想让听众（尤其是持怀疑态度的听众）相信你的观点的真实性，那你就需要通过故事使他们产生强烈的情感。

幸运的是，讲故事和其他技能没什么不一样，这意味着，只要进行足够多的协同练习，你就能学会讲故事。收集那些对你有着特别的意义、传达了你心中重要观点的原创故事。密切关注那些吸引你的故事讲述者，并剖析他们的优秀表现背后的原因。记住，熟悉的故事往往最有力量。

永远不要执着于成交

做真实的自己意味着要抑制急功近利的冲动，也不要把自己包装成一个过时的品牌。当今最好的品牌都在努力避免被大众认为是纯粹的交易实体，它们想要变得更加人性化。

要向客户证明，你关心的不仅仅是尽快赚钱或者得到自己想要的东西。不要推销你自己都不想买的东西——无论它是产品、服务还是创意，都不行。不要害怕说"不"，即使短期内它会让你付出代价。关心你的人际关系，尽最大的努力确保其不会降到零。通过共担风险来显示你真的致力于自己所倡导的一切。摒弃短期交易的思维，开始采用放长线的策略。

原则二

慷慨

我们都认识一些我们认为天生慷慨的人。这是一种根深蒂固的品格特征，它在很多细小之处都显而易见。正如本书所探讨的其他特征一样，慷慨本身就是一种很好的特质。慷慨的人就是那种我们喜欢向他们施以援手的人。当他们成功时，我们发自肺腑地为他们感到高兴。当他们走进房间时，我们总是很高兴见到他们。我们想帮助他们获得每一次成功。最重要的是，当他们表达某种观点或倡导某个行动方案时，我们会真心愿意赞同他们。你只要付出，最终就会有回报，这就是个中原因。

第四章
自我奉献

付出的人拥有一切。

保留的人一无所有。

——印度谚语

人们常说，如果你想从别人那里得到某些好处，那你最好先给对方一些好处——这是一种典型的投桃报李的交换方式。这一策略的有效性已被学术研究人员的巧妙实验一再证实，但你不必查阅心理学杂志就能看到这一观念的实际效果。这是食品和饮料生产商在全食超市提供免费样品的原因，也是医药公司为医生提供免费样品、带品牌 logo（标识）的笔和咖啡杯的原因。这是 Netflix（网飞）和 Spotify（声破天）在向你收费之前让你免费试用的原因，通常也是富商们为政治运动捐款（以及政治家为潜在捐赠者提供帮助）的原因。

心理学专家罗伯特·西奥迪尼在其关于说服力科学的经典著作《影响力》一书中，提到了"互惠原则"，他将这一原则视为我们可用的"最有效的影响力武器之一"。[1] 例如，西奥迪尼引用了一项研究，在这项研究中，那些在用餐结束后为食客提供一颗免费薄荷糖的餐厅服务员，最终获得的小费增加了 3%；那些给了两颗薄荷糖，并向用餐者提到他们理应只给一颗的人,小费增加了14%。[2]这项研究的基本启示很清楚:你如果想要得到些什么,那就必须先付出些什么。

然而,我获得说服力的方法并不是收集"影响力武器"。我的方法在于培养让人们站在你这边的品格特征,他们站在你这边不是因为你成功地执行了一些战术策略,而是因为你的真实自我。

有鉴于此,我们的目标应该是修改西奥迪尼互惠原则的启示:如果你想变得有说服力,那么不要找机会参与投桃报李的交换,而要做那种天生就想着送出东西的人。试着给你遇到的每一个人留下一些他们在与你互动之前所没有的、有价值的东西——一条有用的信息、一些有益的建议、一份能提升他们的礼物,任何可能对他们有价值的东西都行。

一句话,要慷慨。

不同于那些为了快速得到肯定而将互惠原则武器化的人,慷慨的人总是习惯性地给予,不假思索,也不期待任何回报。他们根据他人的需要来看待这个世界,自然而然地能够找出帮助他人的方法。社会学家克里斯蒂安·史密斯把慷慨定义为"心甘情愿地将大量美好的事物奉献给他人的美德"。[3]它与自私、贪婪相反——尽管从长远来看,自私和贪婪最终可能会给你带来好处。

事实上,很讽刺的是,当你不考虑自身利益而去付出时,你最终会获得诸多回报。慷慨也是许多古代哲学理论和宗教的核心思想。

中国有句谚语告诉我们:"以爱予人,必获厚爱;以物予人,必有厚报。"

《新约》教导我们:"施比受更为有福。"[4]

佛陀相信:"无论是什么方式的给予,都会给人带来幸福。"[5]

现代科学研究花了一段时间才跟上这种古老智慧的步伐,但研究结果与之趋于一致。慷慨与更高的个人幸福感、更低的压力水平、更好的健康状态和更长的预期寿命有关。[6]

它在说服力方面也有显著的益处。

给予让我们具备人性

人类天生就具有无私奉献的能力,至少在某些情况下是这样的。但直到最近,科学仍然把这种与生俱来的倾向视为一个谜。具体来说,我们愿意对自己可能再也见不到的人表现出慷慨之态,这一点难住了经济学、博弈论、进化心理学等一系列学科的研究人员。比如,当我们在一个自己再也不会踏足的城市度假时,为什么我们会觉得有必要给餐厅服务员小费呢?如果街上有个陌生人请我们帮忙启动他的车,为什么我们会觉得有必要帮他?

从进化的角度来看,人类没有理由愿意为陌生人做出牺牲,因为对方很难有机会报答我们,或者如果我们不帮忙的话,他们也没有机会在我们的朋友面前说坏话。如果进化让我们只会照顾自己和亲属,那么这一心理特征就不应该如此普遍。毕竟,好人没好报,而根据自然选择的残酷逻辑,吃亏的物种没法儿存活很长时间。然而，在一项又一项研究中，人类表现出惊人的利他意愿，愿意无私地帮助那些不太可能再次见面的陌生人。

2011年，加州大学圣巴巴拉分校的一群科学家终于破解了这个谜题。这项研究由进化心理学创始人莱达·科斯米德斯和约翰·图比等人共同开展，他们使用了一系列计算机模型来测试这一特征是如何在智人中进化的。这使他们能够在实验室里做一些用血肉之躯的真人所做不到的事情：模拟我们的决策能力是如何在成千上万代人的更替中形成的。

在这个模拟实验中，500个虚拟人根据博弈论中一个叫作"囚徒困境"的经典情境进行配对。在这一情境中，A和B两个搭档因犯罪被捕，分别关押在不同的牢房里。他们面临一个选择：是告发自己的搭档，还是保持沉默？根据游戏规则，如果其中一个叛变，而另一个保持沉默，那么叛变者将获得自由，而另一个人则须坐三年牢。如果双方都保持沉默，那么他们将各自被判一年监禁。如果他们都叛变了，那么他们都会被判两年监禁。因此，根据两个人的选择，刑期从一年到三年不等。

因为游戏规则如此，所以只要游戏不能重来，合理的选择就一定是叛变。如果游戏可以重来，那么叛变就要付出巨大的代价，而合作将会带来巨大的益处。如果我在第一轮中背叛了搭档，然后游戏重新开始，那么他会在下一轮通过背叛我进行报复。不过，如果我相信这场游戏只是一次性的互动，那么提防犯罪搭档的理由就少得多。这样一来，这个游戏反映了我们在某个海外城市决定给服务员小费时所面临的情况。如果我再也见不到那个人，那么我不给小费是合理的。

但是研究人员的计算机模拟实验中包含了一个关键特性。具体来说，根据他们建立的实验模式，虚拟人不知道每个囚犯的困境究竟是一次性的（比如另一个城市的餐厅服务员），还是不断重复的遭遇。他们必须利用环境中一堆不完全可靠的线索来确定细节，然后决定保持沉默或叛变。这一切都建模在一个计算机程序中，如此一来，研究人员就可以看到哪些决策行为能够经受住数十万年的考验。

他们发现，那些让我们投桃报李的力量和情形，也会让我们产生对陌生人慷慨的倾向。一个人人都倾向于知恩图报的世界，也就是一个所有人都不计回报地帮助他人（即使是在不完全理性的情况下）的世界，从长远来看会更好。

原因其实很简单：当你和一个新认识的人交往时，你无法确定是否会再次遇到他。你也许可以抱着一定程度的信心进行猜测。但如果你误认为自己再也不会和某个人相遇了，那么你的错误可能会让你损失惨重。以防万一，还是大方一点儿好，而不是去惹恼那些也许会报复你的人。因此，这项研究的作者得出结论："慷慨，远非马基雅弗利式核心之外的一层文化制约作用的脆弱伪装，而可能是人类本性的一个基本特征。"[7]因此，慷慨是值得的，其原因可能与东方哲学的因果报应无关，而更多与简单古老的博弈论有关。

慷慨并不只是激发信任和吸引人合作的宝贵工具，甚至还可能击败说服力专家们多年来所拥护的投桃报李的老办法。

奇怪的是，科学家花了很长一段时间才认识到这一事实。

习惯性慷慨的益处

"你敬我一尺，我敬你一丈"存在真正的局限性。举例来说，这并不能激发多少信任。每个人只是在做最符合自己利益的事情。如果出现了一笔更好的交易，或者对方的需求发生了变化，那么整个安排可能很快就会分崩离析。这种方法实际上只比冷战时期的现实政治[①]略高一筹，并不能真正温暖人心。

在第二次世界大战后的几十年里，唯一能阻止美苏全面开战的就是一个共识：不管美苏哪一国攻打另一国，被攻打的国家都会进行报复，其结果将是双方遭遇彻底的核毁灭——所谓的"相互保证毁灭"原则。其中只有威胁，并没有体现说服力。

毋庸讳言，这不是达成一致的一个合理战略，美苏之间曾多次出现一个小误会几乎导致核灾难的情况，无疑就证明了这一点。想想 1979 年 11 月发生的事情吧，当时科罗拉多州一个美国核预警中心的电脑疑似检测到了一次苏联发动的全面攻击。电脑显示，核弹正在射向美国各类核设施及全美其他战略要地，包括五角大楼和国家预备军事指挥中心。很快，美国的核轰炸机机组人员被派遣执飞，10 架拦截机驶向空中，导弹操作人员处于高度戒备状态，美

---

① 现实政治由德意志帝国宰相俾斯麦提出，指一种基于国家或政党的实际情况和需求而非道德原则的政治体制。——译者注

国总统的"末日飞机"①飞离地面,做好了最坏的打算。美国当时正准备参与一场核战争,这对于世界上任何一个国家或者地球上任何一个人而言,都不会有好结果。

好在这是虚惊一场。北美防空司令部有人在计算机中插入了一个可信度很高的培训程序——要么出于无意,要么是一场人类历史上最不计后果的恶作剧。[8]当协议纯粹基于互惠原则和投桃报李的时候,哪怕只是一个小小的失误,也有可能把整个局面(有时甚至是整个世界)摧毁殆尽。

完全建立在互利期望这一基础上的说服,情况也是如此。如果某人只是因为希望得到回报而帮助你,那么这个联盟在本质上就摇摇欲坠。这种情形缺乏信任的基础,因为它是纯粹的交易。

但是我们愿意冒险去相信天生慷慨的人,当他们一切顺遂时,我们由衷感到高兴,和他们做生意,我们也会十分乐意。如果他们时不时遇到难关,我们也因为知道他们心怀善意而愿意相信他们——而不会让战斗机尽快升空,把导弹对准他们。

正如加州大学圣巴巴拉分校的研究所展示的那样,慷慨也有助于解决投桃报李策略的一个主要问题,那就是你永远无法确定未来谁能帮你一把。如果只对那些你认为可以帮助自己的人付出,从长远来看,你的境遇会比那些慷慨的人糟很多。

进化让我们生来就很慷慨,以防今天需要启动汽车的陌生人就

---

① 美国"末日飞机"的正式名称为 E-4B 国家空中指挥中心,主要作用是在美国面临毁灭性灾难时保护总统、国防部长和参谋长联席会议主席等军政首脑,甚至把政府和军方司令部的机能暂时搬到天上并在空中指挥作战。——译者注

第四章 自我奉献

是明天面试我们的人。通过习惯性的慷慨，我们可以让自己从那些随时会发生的幸运意外中受益。这些不起眼的、偶然的收获会随着时间的推移而不断累积，就像复利一样。

在数百万年的进化过程中，慷慨的倾向深植于我们所有人的内核之中。然而，就像其他所有品格特征一样，有些人极其慷慨，而另一些人没那么大方。不论属于哪个阵营，我们每一个人都可以通过实践学会习惯性慷慨。

然而，对我来说，变得更加慷慨的过程始于一个简单的准则。

如何变得慷慨：
每次互动都要有所付出

正如哲学家克里斯蒂安·B. 米勒所写的那样，要使某个行为成为真正的慷慨行为，"一个人付出的动机必须基本上是无私的，或者是关心那些被帮助者的福祉，而不管自己是否会在这个过程中受益"。[9] 那些只有在需要你帮助时才出现的人，天生就是卑鄙的说服者。这样的人会吸干我们的生命。他们的名字一出现在我们的收件箱里，我们的这一天便自动变得更加无聊了，我们就会忍不住翻白眼。他们一敲我们办公室的门，我们立马就会想："天哪，这家伙现在又想干什么？"即使是在最理想的情况下，这个人也很难赢得你的支持。

反过来说，那个你每次遇到都会让你变得更好一点儿的人，向你提出建议、请求帮助或者试图改变你对某件事的看法，很可能会引起你的注意。怎样成为这样的人呢？其实很简单。无论是在商务会议上还是在家庭聚会上，无论是在球赛上还是在共进晚餐时，每当你和他人互动的时候，你都要试着付出一些东西。把你每一次与人相遇当作一个表现慷慨的机会。

如果你致力于这样做，你就会发现慷慨其实有很多种表现形式。你可以出手大方，总是抢着买单，但是钱实际上是你能付出的最没有意义的东西。如果你每次与人相遇时都在想："我能给予什么？我怎样才能送出有价值的东西？"答案通常可以分为几个基本类别。

时间、注意力和耐心

我很忙。我经营着一家在四个城市设有办事处的公司，随时为数十名客户提供服务。我还有一个很棒的家庭和一群支持我的朋友。除此之外，我还喜欢锻炼、旅行、看书（有时还愚蠢地试图写书）、学习新技能，时不时演奏音乐，偶尔和朋友出去玩。我是个实干家。基于以上种种原因，我几乎总是觉得时间不够用。一天的时间完全不够。

这使得时间成为我所拥有的最有价值的资产之一，但不是任意时间，而是那种伴随着注意力和真正的耐心而来的时间。于我而言，在我的时间上慷慨意味着每当相识的人要求占用一些时间时，我的默认答案总是肯定的。

比如，如果有人想让我参加某个会议或者在工作时打一通电话，我会给予肯定答复，即使这意味着需要调整我的日程安排。如果我的存在和关注能够给予帮助，哪怕是最低程度的帮助，那我也愿意效劳。如果某个家庭成员、朋友或者同事需要一个富有同情心的倾听者，我会努力洗耳恭听。如果某个同事或朋友办砸了事，想解释究竟发生了什么，我会让其畅所欲言，然后提出我的意见。

但我并非总能做到这一点。有时我真的没法儿抽出那特定的一天或者一周时间。但只要有可能（哪怕是一丁点儿）抽出时间改善别人的境遇，我就会努力去做。

不久前，如果有人请求我抽出哪怕一点点时间，我的第一本能就是想办法说"不"，通常通过解释自己有多忙来摆脱这样的请求。后来我意识到自己生活中的大多数人都知道我有多忙，这意味着如果不是因为他们遇到的问题确实至关重要，他们很可能不会请求我腾出时间。

把你宝贵的时间投资到别人身上，他们就会更愿意在你身上进行投资。

建议、推荐和信息

你刚刚听了一张无与伦比但无人谈论的新专辑吗？还是找到了一家非同寻常、让你大吃一惊的餐馆？也许你被一篇文章或者一本书深深打动。也许你对工作有了一个惊人的深刻见解，或者从艰难的育儿经历中学到了一个教训。

如果是这样，那就不要只把这些启示留给自己。相反，把它们写在笔记本上。然后仔细想想你的生活中有谁会从这些信息里受益。最后，向想到的那个人伸出援手。不要囤积那些帮助过你的种种发现，记住，智慧本就应该共享。而且所有人都喜欢被别人放在心上，这会让他们心情舒畅。

称赞和认可

这一点可能看起来很明显——我们总是很容易忘记表扬别人，特别是在你自己备感焦虑或者刚刚度过了糟糕的一天的时候。事实上，注意到另一个人积极的一面并真诚地表达你的欣赏之情，可以改变对方的一天。我必须有意识地去做这一点。当你想到一些积极的事情时，不要憋在心里，说出来。

说到这一点，让你的赞美尽可能具体化会很有帮助。与其对同事说"谢谢你的辛勤工作"，不如告诉她，"我知道你最近几周一直在拼命忙 X 项目的事。我想让你知道我真的非常感激，你的工作为公司带来了积极的成果"，然后继续解释这些积极的成果具体是什么。

同样，如果你经历过任何形式的成功，无论是专业的还是个人的，想想还有谁在取得这一成就的过程中发挥了作用。它很可能并不是你一个人的功劳，所以一定要把军功章也分给其他人。无论谁做出了贡献，都要联系他们，分享这个好消息，并表达你的感激之情。

也许你只用说一句："嘿，你做的那个研究真的让我们在昨天的推介会上大杀四方。"如果你的孩子考入了一所好大学，那么让他/她的老师知道他们提供的额外 SAT（学术性向测验）课外作业真的很重要。让你的另一半知道，他/她花在为你们两人额外做的事情上的时间真的很值得。只要诚实地说明具体的原因就行。

同样的道理，当出现问题时，要控制住把所有责任都推给某一个人的冲动。你必须承认哪里出了问题，但要以诚实、清楚且温和的方式去做。

在失败中表现得慷慨和在胜利中表现得慷慨同样重要。

礼物

有时候，表现慷慨需要一些实际的、物质的东西。我说的是礼物。送礼物无疑是一门艺术，它也可能是一件让人讨厌的事情。在情人节、周年纪念日或者朋友生日的前一天，发现自己根本没准备礼物，然后疯狂地在网上搜索，权衡香薰蜡烛、浴袍或者其他通用礼物的优点和缺点，谁没有过这样的经历呢？想要庆祝的重要日期和想要祝贺的人实在太多了，很难一一照顾到。我从来不去确定日期。我发现有一个方法可以避免这种糟糕境况：让自己全年都处于送礼模式，而不是只关注那些正式的、法定的送礼场景。

这意味着什么呢？首先，如果我为自己买了一些让我非常兴奋的或者只是觉得很有用的东西，我一定会再买一个——如果不是很贵的话，有时会再买两个。它可以是一个手机壳、一个领带夹或者一支完美的太空笔，很多时候是一本书（当我找到一本自己喜欢的书时，我一般倾向于多买几本）。通常我都不知道最后会把它送给谁，这正是乐趣的一部分。这个礼物可以放在抽屉里好几个月，直到我想起一个真正欣赏它或者在那个时候正好需要它的人。当合适的时机出现时，我已经准备好了一份周到的礼物。

这样一来，我就能确保当我找到自己喜欢的东西时，我也会给我爱的人送上一份好礼。

价值百万的连帽衫

我所在的公司会为包括我们的朋友、家人和客户在内的人脉网准备各种很酷的礼物，这一点我们引以为傲。当然，很多公司都有自己的宣传品，但我们试图让自己的宣传品稍微与众不同。比如，有一年，我们设计了一款 Mekanism 连帽衫，采用丝网印刷工艺在衣服上印了公司的名称，使用的是与重金属乐队 Metallica 的 logo 相同的字体。有一年，我们选择了一个定制的麦片粥礼盒，里面藏着各种惊喜玩具。还有一年，我们送出的是一本被掏空的假励志书，里面藏着一个名牌开瓶器。我们想让大家把 Mekanism 这个品牌穿在身上，或者放在桌上或办公室里。

事实上，正是一件连帽衫帮助我们赢得了我们合作时间最长的客户之一——Ben & Jerry's 冰激凌。在某次会议上，我遇到了该品牌的销售代理杰伊·柯利，于是和他交谈。Ben & Jerry's 是我的至爱，所以我很高兴能够结识这家公司的人，并与其互换信息。我立刻把他添加到我们公司的收件人名单中，免费提供通讯、会议邀请、文章——当然还有我们的 Mekanism 连帽衫。

幸运的是，大约 10 个月后，杰伊打电话说 Ben & Jerry's 正在市场上寻找一家新的广告代理商。他告诉我，如果不是因为他喜欢我们的 Mekanism 连帽衫并且经常穿它，他可能不会记得我们公司。

我们受邀去投标，最终中标了。在写这本书的时候，我们已经做了他们公司 6 年的代理商。那件 20 多美元的连帽衫为我们赢得了一个重要的客户，以及数百万美元的收入。

我当初有没有试图把一件免费的连帽衫变成一项重大的公司成就？没有。我只是想把很酷的产品送给自己遇到的一个很酷的人。事实证明，把很棒的东西送给他人是一个能带来意外惊喜的习惯。

慷慨速成课

我在上文中已经详细介绍了一些你能付出的最常见的东西，包括时间、建议、赞美和礼物。但是要让慷慨成为你的品格的一个自然组成部分，你需要勤加练习。这个过程包括三个你能够实施的策略。

确定需求状态

深入探究那些关键性的互动，仔细思考你能给予什么，或者别人对你有何需求。这是提供一条有用信息的机会吗？还是说这种情况下需要一些诚实的反馈？也许和你有联系的某个人会喜欢你刚读过的一本书。不要觉得自己有必要提前知道每种情况下的正确反应究竟是什么，一旦你开始将每次互动视为送出东西的机会，答案自然会显现。跟着感觉走即可。

自动接受

如果你开始从这些方面来理解互动，那么你最愿意免费提供的价值，以及你不太想放弃的东西，将慢慢变得显而易见。有些人不喜欢分享自己个人生活的经历，另一些人对自己的时间或注意力很吝啬，还有些人没法儿主动赞美别人。记下你本能地抗拒的那些慷慨行为，然后致力于将大多数的自动拒绝变成自动接受。

持续跟进

只要有可能，就要确保你的慷慨行为不是一个孤立的事件。如果我将自己最喜欢的某本书寄给了某个人，那么我还会给他发一封跟进的电子邮件，确保他收到了书，同时分享我对这本书的看法，并解释为什么我觉得他会喜欢这本书。运气好的话，我可以把这份礼物变成一次实质性的谈话。当然，这种事情不一定总是发生。但在类似的情况下，跟进是一种很好的方式，可以将一个单一的慷慨行为延伸为更深层次的、更有收获的事情。

小结

长期以来，人们一直认为利用影响力的最佳方式之一是进行互惠互利的、礼尚往来的交流，但这是一个从长远来看会破坏个人说服力的交易性思维的范例。

只关注"付出"。貌似很简单，习惯性慷慨的人往往更具说力。因此，我们应该养成在尽可能多的互动中付出的习惯。

一些最新的科学研究也支持了我的观点。事实证明，人类通过进化变得慷慨，因为这是让人们合作的一种可靠方式。在人们并非总能做到互惠互利的现实环境中，习惯性慷慨是一种获得大家的信任和欣赏的行之有效的方法。

你越是将与他人的互动视为付出的机会，就越能识别出别人对你的期望或者你必须给予的东西。

付出可以分为四类：

1. 时间、注意力和耐心
2. 建议、推荐和信息
3. 称赞和认可
4. 礼物

最重要的是，不管你付出了什么，它一定要是你觉得有价值的东西。同样重要的是，你不能指望得到任何回报。慷慨会让你成为一个更加快乐的人，也会让你与自己生命中出现的人建立更加牢固的关系和纽带。如果你成为那种能展现慷慨品格的人，那么说服力自然会随之而来。

把好东西送给世人，这样做所带来的回报将以复利的形式不断累积。

第五章

积极性的力量

心即一切。所思即所成。

——佛陀

一般来说,关于说服的案例可以分为两类:负面的和正面的。

任何时候,只要一个人试图通过唤起恐惧、憎恨、厌恶或焦虑来击败某人,他所做的就是负面的说服。而且,可悲的是,审视人类文明中近期出现的一些现象,就能看到这类策略。一个典型的例子就是政治攻击广告,它会把某个候选人描绘成一个危险或邪恶的人。这些广告的目的在于让你对 X 候选人获胜的可能感到恐惧或者愤怒,以至于忍不住去为 Y 候选人投上一票。

不妨想想林登·B.约翰逊总统在 1964 年竞选中著名的《雏菊》广告。一个三岁女孩站在阳光明媚的田野中,鸟儿啁啾地叫着,她一片接一片地摘着雏菊花瓣,直到画外音倒数十个数,一颗核弹爆炸。"这些就是赌注。"我们听到约翰逊如是说道。[1] 这则广告只播出了一次,很可能是约翰逊击败巴里·戈德华特的关键。虽然广告中并未提及戈德华特的名字,但观众认为:"我最好给这个人投票,否则可能会死于一场可怕的核战争。"这就是成功的基于恐惧的说服。

50多年以后，唐纳德·特朗普远远超越了富有想象力的攻击广告的形式，采取直截了当的"操场欺凌"策略，为每一个挡路的对手创造了一个低人一等的名字："低能量"杰布·布什、"软弱"本·卡森、"狡诈"希拉里·克林顿、"说谎"特德·克鲁兹、"卑鄙"马尔科·鲁比奥、"波卡洪塔斯"[1]伊丽莎白·沃伦、"疯狂"乔·拜登等。

简单而持续的负面信息确实有效。事实上，这可能是一种能够改变人们想法或者让大家去投票的方式，有令人难以置信的强大力量。但你必须提出的问题是：这个世界还需要更多的恐惧、仇恨、焦虑和愤怒吗？当然不需要，已经够多了。

事实上，我们都过度焦虑。世事变得如此负面，以至于许多人迫不及待地希望有机会踩到别人头上往上爬。但我们大多数人都内心善良，如果你想在另一个人身上激发任何情感，永远要选择往积极正面的方向努力。保持合理的做事方式。通过贬低他人或者抹黑竞争对手当然可以获得短期收益，但它永远无法带来长远利益。

正面说服依赖于积极向上的情感，从而把人们拉到你的位置上。它并不会向你的受众提示某个特定选择所带来的危险，而是让他们充满兴奋和机会感。你要让人们对自己的选择感到满意，而不是为选错边而感到糟糕。

触及灵魂的说服力关乎培养品格，这种品格会天然展露积极正向的一面。我说的不是那种扬扬自得的人，止不住地微笑，满嘴都是"不要担心"，把一切都描述为"真是令人兴奋"。那不是积极

---

[1] 波卡洪塔斯是印第安原住民一位酋长之女，特朗普以此讽刺曾自称有原住民血统的伊丽莎白·沃伦。——译者注

正面。那是骗人的胡说八道。我说的也不是那种沉溺于痴心妄想的人，觉得每一朵乌云都镶满金边，即使根本没有希望。这种妄想的积极对任何人都没有帮助。显然，要达到目标，你所需要的不仅仅是美好的想法。

我所说的天性积极向上的人，是那种做任何事都把真正的正面情绪放在首位，因此也会让周围的人感觉更好的人。这些正面情绪包括快乐、满足、自信、乐观和感激。

当然，这一切并不意味着习惯性积极的人永远不会感觉糟糕。他们可能会喜怒无常，也会生气，就像其他所有人一样。但他们会训练自己，在大部分时间都用积极的情绪引导自己的决定、行动、评论和想法。这样一来，他们便表现出一种慷慨——一种精神上的慷慨。

积极正面的性格会让你更快乐、更健康、更有创造力或者在床上表现更好吗？很有可能。但我们可以肯定的是，习惯性积极的人是那种大家都喜欢和他们待在一起的人。当我们需要建议、遇到问题或者需要完成某项工作时，我们会向他们寻求帮助。当一切顺利时，我们希望正和他们待在一起。我们就是喜欢他们。只要他们在，他们就会让事情变得更好。

就我们的目的而言，这些人也是我们乐于赞同的那种人。

积极性的结果

我们应该倾向于传播振奋人心的、积极向上的情感，而不是相反。但你如何将这种倾向付诸行动呢，尤其是当你并非天性如此时？在许多情况下，答案可以归结为一条简单且易于遵循的准则：只要有疑虑，就去关注某个既定决策的潜在优势，而不是聚焦于其消极的一面。

这条准则的基础并不难理解。毕竟，你更希望别人怎么跟你说：是某种锻炼方法会改善你的皮肤松弛和身材走样，还是它会让你感觉更健康、更有活力，在海滩上看起来更棒？第一条信息提醒你体重超标了，第二条信息则描绘了一个更加光明、更有成效的潜在自我。

同样，你更希望别人对你说"你给妈妈打电话打得太少了，所以记得时不时拿起那该死的电话吧"，还是"你妈妈很喜欢接到你的电话，给她打个电话吧，让她开心一整天，这对她意义重大"？第一条信息激起了内疚感，第二条则是邀请你为你爱的人做件好事。

这两种方法都能有效地获得预期结果。但是，激起内疚、愤怒和恐惧的人并不受欢迎，而且随着年龄的增长，我们会避开这类人（当然，如果他们与我们有关系，那么我们只好默默忍受，自行应对）。当你使用放长线策略时，你绝对不想成为人们避之不及的人。如果你能控制自己不这么做，为什么还要让人感觉糟糕呢？

以下是一些将负面说服性信息转化为正面说服性信息的示例：

负面	正面
这个产品会让你不那么累。	这个产品会给你更多的能量。
吸烟会折寿。	如果你现在戒烟，你就能活得更久。
别傻了。	我知道你比这聪明得多。
如果你不捐款，有人就会死去。	你的捐赠可以挽救生命。

（续表）

负面	正面
这份工作会让你免于破产。	这份工作会给你经济上的保障。
不回收利用会毁灭地球。	回收利用对地球母亲大有裨益。

从说服的角度来看，积极的信息能更有效地吸引受众。这来自2008年的一项研究成果，该研究着眼于学界几十年来对一个问题的探讨：强调损失的说服性信息（"如果你不用防晒霜，你就会得皮肤癌"）是否比强调收获的说服性信息（"防晒霜会让你的皮肤看起来更健康"）更吸引人？多年来，学者已经针对不同的说服性信息的吸引效果做了大量的研究工作，但是没有人费心去一次性考虑所有这些研究成果。也就是说，丹尼尔·奥基夫和他的同事于2008年启动这个项目之前，从未有人这么做过。[2]

在研究中，研究者假设负面说服性信息比正面说服性信息更具吸引力。这一假设在当时看来是可靠的。不可否认的是，失去对我们来说重要的东西会引发强烈的情绪，比如恐惧和焦虑。这种情绪往往能够集中心力和激励行动。因此，人们可能认为负面信息会在吸引听众的竞争中轻松获胜。这就是竞选抨击仍然依赖政治攻击广告的原因，也几乎是整个保险业的基础。

但奥基夫及其同事发现了一些他们并未预料到的事情。在分析了30多年来发表的42份独立分析报告中的数据之后，他们发现，积极的、基于收获的说服性信息比消极的说服性信息"吸引人的能力强得多"。

在涉及说服他人的时候，积极性是你最好的朋友。

积极性具有感染力

积极性之所以有益于增强说服力,一个原因在于它具有很强的感染力。事实上,仅仅通过改变自己的观点,你就能对他人的观点产生强大的影响,这确实太不可思议了。心理学专家斯坦利·沙赫特和杰罗姆·E.辛格于1962年开展的另一项著名研究阐明了这一点。[3]

在他们的实验中,参与者被注射了肾上腺素,这是一种会导致心率加快、血压升高和呼吸频率加快的化学物质。参与者并不知道自己被注射的药物到底是什么——实验人员告诉他们那是一种测试视力的药物。然后他们被要求与另一个秘密参与实验的知情者在同一个房间里一起等候。这项研究的目的在于观察周围人的情绪如何影响我们对自己情绪的感知。

在某些案例中,参与实验的知情者假装体验到了狂喜。果然,这让那些肾上腺素增多而不自知的参与者更有可能报告说自己也感到狂喜。在另一些案例中,知情者表现得很愤怒。于是,被注射了肾上腺素的参与者更有可能报告说自己也感到愤怒。

这项研究发现,我们对自己感觉的感知与周围其他人的感觉有很大关系。如果说服是改变人们情绪和观点的艺术,那么用自己的积极性感染他人的能力则是一个非常强大的工具。

接下来举一个实例。我和两个儿子准备一同去看洋基队的一场比赛,结果路上被困在了地铁里。情况很快就清楚了:我们将错过大部分比赛,因为列车完全开动不了。随着时间的推移,孩子们的失望感变得越发明显。一开始是"要错过开球了！"，然后发展到"我们会错过整整两局的，爸爸。这糟糕透了！"。

当时，我也有点儿同样的感觉。我一直期待着这场比赛，但这次错过了这么多，我一点儿也兴奋不起来。如果我沉溺于失望的感觉，孩子们也会觉察到，那么一个不太理想的情况会随着我加入抱怨的行列而变得更糟。这是我们自然而然就会去做的。

但这次，我选择用一种更积极的眼光看待事物。毕竟，我真的很高兴能和孩子们度过一个愉快的夜晚。于是我选择把我们的困境当作一种冒险。我发起了一个游戏，让大家一起编故事，描述我们在被困的这个地铁车厢里看到的不同的人："你觉得那个人靠什么谋生？他的猫叫什么名字？他在哪里长大？她几岁离的家，或者她离开过家吗？他会加入马戏团吗？"我们会轮流为陌生人创造一个虚构的名字和故事。我们甚至为这个游戏起了个名字——"陌生人小说"。这样的创意活动让我们都乐在其中，以至于当地铁终于开动时，儿子们几乎没注意到我们错过了大约一个小时的比赛。我用自己的积极情绪感染了他们。

在类似的情况下，我并非总是故事里的英雄角色，也许只有一半的时间是。在疲惫的一天过后，或者错失了一个机会之后，又或者打丢了一个球之后，我也会失控，变成一个浑蛋。但我们都可以选择用积极的力量去控制自己的消极情绪，有时候，当我们绽放光芒时，我们甚至可以获得更好的体验。

啤酒测试

一般来说，当你必须在争论的各方中选择支持对象，或者要决定该信任哪个人时，你会倾向于选择能激发你的积极情感的那个人。很多时候，当代竞选政治都基于这一基本洞察。有时你之所以会给某人投票或赞同某个政客的观点，是因为那个人给你带来的感受，而不是因为经过深入研究，你发现这个人的立场比对手的立场更具说服力。出于同样的原因，即使你认为自己最喜欢的政治家在某些事情上是错的，承认这一点也会让你很痛苦。你宁愿赞同他/她，也不愿反对。唐纳德·特朗普说服了很多共和党选民，让他们改变对贸易关税和俄罗斯等重大问题的看法——选民并非明白个中曲直，而是出于某种原因，被他鲁莽、自吹自擂的风格和恃强欺弱的策略吸引。你也可以看到这些策略很快便不再受他们欢迎，它们不会持续很长时间。

然而，在近些年的大多数总统选举中，那些更讨人喜欢的候选人往往能脱颖而出，这并非巧合。这种情况被称为"啤酒测试"，因为候选人往往要竞争成为选民最想与之共饮啤酒的人。例如，2000年的民意调查显示，乔治·W. 布什（小布什）在各类议题上与阿尔·戈尔不相上下，但在亲民指标上却遥遥领先。2004年他与约翰·克里交锋时也是如此。2012年大选前夕，选民对奥巴马的喜爱也远胜于米特·罗姆尼。[4]

我必须承认，啤酒测试对我有效。在我的公司，我重视对每一个新员工的面试，无论对方应聘的是办公室经理、初级制作人还是创意总监。这可能十分耗时，但非常值得。在招聘的这个阶段，许多人已经断定我的面试对象有资格获得相应岗位了。在我们面谈的过程中，我需要了解他们是不是我们会喜欢的那类人。他们会为公司的文化做出贡献吗？他们是否会独树一帜，表达自己的意见，并释放积极的力量？换句话说，在疲倦的一天结束后，我们会想和他们一起喝杯啤酒吗？

为了弄清楚这一点，我会问一些让他们放松警惕的问题。比如，朋友们会用什么样的形容词来描述他们，他们认为自己的"广告超能力"是什么，他们喜欢什么样的音乐，他们为什么想换工作，是什么让他们兴奋地起床去上班，他们如果不用工作的话会做些什么来取乐，他们想和哪三个人一起吃饭，等等。我的目的是让他们放松一点儿，这样我便能窥见他们真正的个性。如果他们是那种大肆非议前任雇主，或者以其他方式表现出天然消极性的人，那么我基本可以确定自己不会点头同意，不管他们多有成就、多有才华。

身处困境时，你喜欢的总是那些散发积极性，提醒你世事有多美好，或者对绝处逢生充满希望的人。他们能振奋你的精神。

乔·拜登是如何说服我的

几年前，当我的公司受邀帮助已知世界上最大的客户之一——白宫——应对一项特别艰巨的挑战时，我就明白了这一点。

2014年4月29日上午，我身处罗斯福厅，对面坐着的正是副总统拜登。在一个多小时的时间里，他提出了一个强有力的理由，解释为什么我们公司和在座的其他合作伙伴应该与奥巴马政府联手，从根本上改变公众对大学校园性侵犯的看法。

拜登以及一些媒体和体育组织（包括 *GQ* 杂志、美国职业棒球大联盟、幽默搞笑网站 Funny or Die）的代表告诉我，大约 1/5 的女性和 1/16 的男性在大学期间遭受过性侵犯。每当我想到这些数据时，我都会感到震惊。奥巴马政府于当年早些时候成立的保护学生免受性侵犯特别工作组在当天上午宣布了一系列政策建议，其中包括设立一批联邦培训项目，教授学校管理人员如何正确对待性创伤受害者。但是，正如拜登所说，光靠好的政策解决不了问题。

他说，防止校园强奸需要大规模转变大学生（尤其是男大学生）对这个问题的理解。政府需要的是一场文化变革。拜登副总统及其团队选择了 Mekanism，希望在会议结束后的 4 个月内启动一场全国性运动，从而实现这场变革。

单从好处来看，你可能会觉得这是一个不需要考虑的问题。Mekanism 当然应该签约。但对一些问题的考量让我犹豫不决。首先，这个项目完全是免费的。我完全不知道我们公司要如何实现这一目标，也不知道我要如何说服我们的首席财务官接受这堆积如山的毫无油水的任务。副总统要求针对一个高度敏感的文化问题开展一场大规模的全国性运动，但完全没有预算支持，而且几个月以后就要做好启动的准备。

在此之前，Mekanism 所做的一直是销售商品、增加点击量、让人们分享我们的内容这些事，从来没涉足过大规模社会变革。事实上，政府最初联系我们，是因为 PVBLIC 基金会的雷切尔·格罗尔和戴夫·莫斯、拜登的顾问格雷格·舒尔茨，以及白宫公众参与办公室的凯尔·利尔曼在我们公司官网上发现了一个有趣的作品。相关客户是 Axe 身体喷雾，所涉营销活动名叫"问题解决者"，旨在推出一款针对 20 岁左右的男性的新型沐浴液。为了吸引这一特定顾客群体，Mekanism 制作了一系列可以用在朋友身上的数码恶作剧和粗俗笑话。这个作品充满不成熟的气息，在当今环境下绝对无法收到成效，但它当时成效显著，而且这款新产品几乎飞一般地从货架上卖出去了。

当然，为了向那些想用沐浴露香味吸引异性的男大学生推销产品而创造一个作品，和说服这些年轻人站出来保护异性免受侵犯，这两件事可大不相同。我们以前从来没有做过任何公益性项目，也没有针对白宫及其所有组成部门的那种庞大、复杂的政治活动进行磋商的经验。我们如果失败了，那么不仅会让过去和未来数百万的性侵犯受害者失望，还会让美国总统和副总统面临一场公共政治失败。这届政府是近代史上最精通媒体的政府之一，如果搞砸了它所发起的全国性重大运动，我们公司也将因此载入史册。

我有很多理由可以明哲保身，简单地回答"不"。但我从来没有这样想过。没错，白宫极具魅力——这座建筑的设计初衷就是要吓住所有走过白宫（由美国特勤局特工把守的）大门的人。然而，让我当场答应的真正原因是乔·拜登本人。

从走进房间的那一秒开始，他真的因为活力四射和积极向上而

第五章　积极性的力量

闪闪发光。他和蔼可亲，生性快活，而且充满好奇。他绕着整张桌子走了一圈，和每一个人握手，看着他们的眼睛，感谢他们抽出时间来和他一起开会。他说话丝毫不做作。

尽管我们在讨论一个真正令人痛心的问题，但他的整场演讲都围绕着摆在我们面前的这一非同寻常的机会展开。我们有机会利用自己的技能和资源来预防痛苦和创伤，并解决近年来出现的最严重的社会问题之一。这种机会多久才能等来一次呢？与他所描述的相比，我对金钱、期限和声誉风险的担忧似乎微不足道。这个项目是为了改变强奸文化，在全国上下所有高校中掀起一场运动。

拜登本可以很轻松地打出内疚牌。他可能会指出，我是一个富裕的广告人，大部分时间都在为冰激凌公司、航空公司和娱乐公司牵肠挂肚。他可能会问："为什么不做些有价值的事情改变一下呢？""为什么不尝试用广告做点儿好事呢？你所在的行业可以好好利用它。"但他没有这么做，相反，他激发了我们的积极情绪，让我们对这个项目和可能从中得到的所有益处感到兴奋不已。这就是触及灵魂的说服。

最后，我们获得了成功。成果就是 It's On Us 这一全国性组织，它至今依然在持续促进旁观者干预，向公众普及"性同意"这一理念，并为强奸幸存者提供支持。该组织所做的是教育公众，不是要求人们不要实施性侵犯，而是让性侵犯成为一个我们所有人都需要帮助解决的问题，手段是政策转变、旁观者干预和公开交流。自从奥巴马总统于 2014 年 9 月发起这场运动，已有超过 50 万个人和组织跟随 It's On Us 的脚步，承诺为防止校园性侵犯尽自己的一份力。数百所大学发布了原创的线上内容，并在全国 50 个州都举办了相关活动，旨在提高大家对校园强奸危机的认识。成百上千的个人和团体制作了大量公益广告，传播这一运动的相关信息。包括乔·哈姆、音乐人 Questlove 和歌手 Lady Gaga 在内的诸多名人也纷纷声援这场运动。500 多所院校成立了学生咨询委员会，以在全国范围内解决这一问题。

It's On Us 也有助于激励立法者和公职人员采取行动。2017 年夏，宾夕法尼亚州长汤姆·沃尔夫宣布了六项改革措施，旨在明确推进 It's On Us 的原则，其中一项政策要求各大学采用匿名在线系统举报性侵犯事件。

那场运动是我整个职业生涯中最值得骄傲的成就。我真希望说服我签约的仅仅是这件事的严重性本身。这当然是其中很大一部分原因。但老实说，让我点头同意的是拜登天生的积极性格，他能够唤起我和其他所有人身上的积极情绪，同时也让我们感到自己有机会完成一件真正有价值的、伟大的事情。就这样，他让我和我的公司为一项有价值的事业奉献多年，这项事业的重要性超越了最初让我打退堂鼓的那些实际的商业考量。

原来特朗普只说对了一半。拜登确实很疯狂，但他只是疯狂地积极。他的慷慨精神感染了我们。拜登利用积极性的力量帮助我们触达数百万大学生，改变人们的生活，以及打击强奸文化。

如何利用积极性的力量

如何着手培养积极的品格？我发现有几个习惯对保持乐观心态和释放积极情绪极为有用，即使在最困难的情况下也是如此。

感恩练习

在面对巨大压力之时，我们很难看到事物美好的一面。消极的想法真实而直接，而在沮丧袭来之时，美好的想法会失去力量。有时，压力排山倒海，我们很难保持希望。在这些时刻保持积极的心态需要持续的练习，很多人的做法是写感恩日记。

正如我告诉孩子们的那样，你必须变得优秀，但也必须心存感激。每周日晚上，我们都会在本子上写下三件让我们自己充满感激的事情。我知道这不是一个惊天动地的主意。我也不是那种喜欢在瑜伽课上大声说出自己的"意图"的人。但这种做法给我和家人带来了巨大的变化。它能让人恢复初始状态，为接下来的一周做好准备。只要去问那些践行这一练习的人，他们都会告诉你它多么有效。传统观点认为，它应该成为你每天早上的一个习惯。你也可以在每周一和周五的午休时间做这件事。但对我来说，每周和家人一起练习才是完美的习惯。

你写下的可以是一些很重要的事项，比如你的良好健康状况，或者找到了一份新工作，或者单纯是你还充满活力地活着这一事实。你也可以记录一些小事，比如同事在咖啡室对你说的一些好话。在笔记本上写下这些想法的好处在于，你可以随时查阅以前的记录，并在真正艰难的日子里唤起自己的记忆。在你迷失和绝望的时候，它可以帮助你回到过去，挖掘那些感恩之情。

这个练习只需花费不到 10 分钟，但效果也许非常显著。保持感恩之情能帮助你意识到，无论今天出现了什么问题，总的来说，你已经有很多值得保持积极心态的理由。

建设性批评

有时我们需要批评他人，尤其是在工作领域，这是生活中不可避免的一个事实。但是，建设性批评是积极的，而贬损性批评则充满敌意或者轻蔑，两者并不相同。如果我们确实需要批评他人，那么通常有一种方法可以让批评变得积极一些。

不要说"你在报告中把这个事实弄错了"，而可以说"这份报告已经差不多可以了，但你能复核一下这个事实吗？我觉得它不太对劲"。不要说"你的想法毫无道理"，而可以问"我没太明白，你能帮我更好地理解它吗"。最后这招我一直在用。把重点放在自己身上，而不是具体的想法上，这也会促使对方用最简单的方式清楚地阐释自己的理念。

最重要的是，你要确保任何批评的目的都是帮助对方改进，并且要明确说明你的意见与对方的目标之间的联系。比如，如果某个人完成任务的时间太长，不要跟他说加快进度，而要解释清楚如果他能加快工作，他就可以承担更大、更具挑战性、更令人满意的项目。不管你的职位是什么，都要以身作则。没有人想给自己的生活添加更多消极内容。切忌火上浇油。

根据一种被心理学家称为"自发性特质移情"的现象，明显充满敌意的或者负面的批评也可能会报复到你自己身上。也就是说，如果一个人认为另一个人具备某些特征，那么这个人自己也可能会被认为具有这些相同的特征。比如，当你声称某人不忠时，人们可能会认为你也不忠。还有不诚实、懒惰、缺乏想象力——只要你说得上来的，都符合这个规律。即使和你交谈的人对你了如指掌，这种情况也可能会发生。发表在《人格与社会心理学杂志》上的一项研究发现："即使是互相熟悉的交流者，也会对他们谈话所隐含的性格特质进行联想和归因。"[5]另外，那些坚持给出简单的、积极的、建设性的批评的人，最终会利用自发性特质移情获得优势，并因此变得更加积极。

把坏事变成好事

开会可能很没意思。有些会议真的充满乐趣和激励，另一些却令人痛苦不堪，让你惊讶于它们竟然还没被《日内瓦公约》禁止。这样的会议曾经是我的痛苦之源。然而，如今我把它们当作机会，让我可以在迫切需要积极性的地方注入一点儿积极性。

我这么做靠的是保持开放的心态，并且把精力放到会议桌上。但最重要的是，我提醒自己，每次会议都有可能成就伟大的事业。这是事实。和你一起开会的可能是一个低级别的会计师、负责健康保险的人力专员或者一名无薪实习生，你可能会听到一些新鲜的或者有趣的事情，最终因此实现惊人的突破。通常情况下，这不会发生，但这并不意味着它不可能发生。认识到这种可能的存在，可以给平淡无奇的局面注入积极性、乐观主义和活力。

我第一次见到我在 Mekanism 的合作伙伴汤米·米恩斯、皮特·卡班和伊恩·科瓦利克,是因为汤米偶然给我打了一通电话。他通过我创办的一家名为 Plan C 的制作公司辗转联系上了我。汤米当时正想给旧金山当地的一家广告公司打电话,试图为自己招揽一些工作。无意中接到这通电话的时候,我本可以轻而易举地告诉他,他打错了,然后把他的电话转到前台那里去。但是恰恰相反,我把这次机缘当作一个潜在的机会。结果确实如此。

那通打错的电话成就了一段终生的伙伴关系。我没有生气,也没有不理会汤米,我们彼此交谈起来。自此我们就没有停下来过。正是双方开放的心态让这一偶然事件得以发生。

这种意外惊喜并不常见。但是,因为我知道任何偶然的相遇都有可能变成改变人生的机遇,所以我会确保将自己全部的正能量带到即使是最琐碎的互动之中。弗兰克·扎帕说得很好:"心灵就像降落伞,如果不打开,便一无是处。"

意识到你可能错了

保持开放的心态,部分在于要认识到在任何特定的问题上,你都有可能会犯错。如果要参加一场工作会议,或者和妻子讨论某个问题,我通常在一开始就会发表意见。但是,那些带着板上钉钉的想法参与对话的人并不能传达积极性,相反,他们会给人留下对抗的印象。相信我,我以前经常这么做——气势汹汹地参与会议,期待挑起争端。

有一种方法可以规避这种态度:假如有人提出了一个更好的主

意，那就改变自己的想法——抱着这种心态去参加每一次互动。如果你是单位的高级管理者，而一位底层员工的建议与你的观点互相冲突，那么请给他/她机会改变你的想法。同样，如果你的老板想采取与你的看法相左的行动，那么要假设他/她知道一些你并不知道的事情，并试着从对方的角度去权衡整个情况。

你并不总会心悦诚服，但你愿意给对方一个公平的发言机会，这是显而易见的，也会获得对方的感激。同样重要的是，这种性情会自然而然地让你更具说服力。

兴奋起来

正如沙赫特和辛格的肾上腺素研究所显示的那样，消极情绪（如愤怒）和积极情绪（如狂喜）之间的界限非常微妙。还有两种感觉也是这样，那就是焦虑和兴奋。

无论是个人的还是职业的重大事件，都会带来很多焦虑。想想在大型商务会议上或者工作面试中在所有人面前进行展示的前一天，或者走上台向数百人敬酒致辞之前的那一刻。在这类情况下，人们一般会告诉你要"冷静"或者"放松"，但那是个糟糕的建议。你不能用意志力驱除焦虑。一个更好的办法是把这种感觉重新定义为兴奋——一种当你想到它时离紧张并不远的感觉。

哈佛商学院的研究员艾利森·伍德·布鲁克斯在2013年的一项研究中发现，这一技巧在缓解表演前的紧张情绪方面效果惊人。[6]在这一实验中，布鲁克斯要求参与者使用任天堂Wii游戏机里的电子游戏《卡拉OK革命：欢乐合唱团》唱一首歌（谁知道呢，也许这是实验心理学家最爱的一个游戏）。卡拉 OK 选手们被要求大声演唱摇滚乐队 Journey 的经典歌曲《不要停止相信》，而且他们被告知，评审标准是其演唱歌词的准确度。

不过，在开始唱歌之前，工作人员会问参与者感觉如何，并且要求他们用一个随机分配的答案进行回答——"我很焦虑"或者"我很兴奋"。工作人员还告诉他们，无论被分配的答案是哪一个，他们都应该尽已所能相信那是真的。换句话说，那些被分配"我很焦虑"的人，会努力把他们的感受解释为焦虑，而其他人则努力感觉自己很兴奋。随后，他们引吭高歌："只是一个小镇女孩，生活在一个孤独的世界中……"

听起来也许很疯狂，但告诉自己"我很兴奋"的参与者在歌词准确度上始终表现得更好。这些人能够提前与自己交流，将自己情绪高涨的状态视为积极的而非消极的，结果他们表现得更好。

当然，我们不可能总会做到这种情绪上的重新评价。如果你在紧张地等待体检结果，或者着急赶去乘坐一趟国际航班，那么你的感觉就是焦虑，而不是兴奋，就算你告诉自己那不是焦虑，也无济于事。

当 Mekanism 的团队在准备一个大项目时，我一定会让自己为有可能赢得一个优质客户而感到兴奋，而不是担心潜在客户是否会喜欢我们，我们的竞争对手有何准备，或者这项工作会有多艰难。当我们夜以继日地工作，努力赶在最后期限前完成一项大型营销活动的准备工作时，情况也是如此。这是一个令人筋疲力尽的高压时期，但它也令人振奋。因此，我不会聚焦于我们的疲倦和辛苦，而总是努力强调这是一个冲刺的时刻,以及我们在携手面对这件事。

我可以提醒大家赌注有多高(就像林登·约翰逊用《雏菊》广告所做的那样),或者如果我们做得不好,会带来怎样灾难性的后果,以此激发团队的积极性。但老实说,这个方法并不那么有效。我们没有强调局势的紧迫性,相反,我们将这些情况视作令人兴奋的机会,就像拜登在罗斯福厅所做的那样。

小结

保持整体积极的性格会让你受益良多,这些益处加在一起,可以让你更具说服力。习惯性积极的人将想法、信念、评论和行为可靠地建立在积极情绪的基础上,他们是你想要与之共处的那类人。他们的积极性可能具有感染力,会影响你,让你更容易专注于自己生活中那些更加振奋人心的方面。他们更讨人喜欢,也更有热情,因此我们会觉得自己必须在所有可能的情况下支持他们。

但是,要想让积极向上成为你的第二天性,需要练习和自律。

主要原则包括:

1. 感恩练习
2. 建设性批评
3. 把坏事变成好事
4. 意识到你可能错了

5. 兴奋起来

将这些内化于心，有助于确保你在所有互动中都表现出建设性的、乐观的、吸引人的风度。

记住，如果你能够反映别人对自己的期许以及他们想要的感觉，那么他们就会喜欢与你为伍。积极性孕育着影响力。

第六章

只需一点儿尊重

知识会给你力量,而品格会给你尊重。

——李小龙

尊重是说服的基本前提。如果你的目标是获得影响力,你却不尊重自己的受众,那么比赛还没开始,你就已经输了。

哪怕只是感受到一丁点儿怠慢、侮辱或者轻视,我们都倾向于封闭自己。我们会转向"我们对抗他们"的模式,开始将那些无礼之人视为自己的对手甚至敌人。不妨想一想,有许多战争就是因为一方不尊重另一方而爆发的。

其中一个极端却鲜为人知的例子被称为"糕点战争"。墨西哥于 19 世纪 20 年代脱离西班牙独立后,在墨西哥城的街道上爆发了一系列骚乱和斗殴,毫不意外地造成了损害。一位名叫雷蒙特尔的法国糕点师的面包店遭到洗劫,所有糕点全部被盗走。法国国王路易·菲力浦发现了这件事,并向墨西哥索赔 600 000 比索(相当于今天的 30 000 美元),只是为了这家商店和里面价值约 1 000 比索(约 50 美元)的糕点。墨西哥国会表态:"我们绝不会为了一些糕点付那么多钱。"法国海军开始封锁墨西哥湾的主要海港。墨西哥于是宣战，法国和墨西哥连续作战整整四个月。这次冲突导致众多士兵丧生。最终，墨西哥支付了 600 000 比索，而雷蒙特尔则有了一家全新的面包店。但是，强行要求而非说服和尊重，导致双方因一些法式糕点而蒙受的损失远远超过了所得。因此，某个人如果要和你算账，不可能因为你强行要求就接受你看待事物的方式。

相反，如果有人平等、认真地对待我们，并且尊重我们的时间、才智、观点或关注点，我们便会敞开自己——哪怕只是为了回报他们的礼貌。我们会尽力给他们一个公平发声的机会。当我们敞开心扉之时，我们便放松了警惕。这正是你希望在你的说服对象身上看到的心态。

人们渴望得到尊重，这种渴望比对其他任何东西的渴望都要强烈，在职场中尤为如此。《哈佛商业评论》对全球两万名雇员做的一项调查显示，上司的尊重对员工的影响，比其他任何考察因素都要大。接受调查者普遍认为它比反馈、晋升机会、认可甚至金钱还要重要。[1]

想想 2009 年在佛罗里达州东方路监狱发生的那件事吧。肯·穆恩警官是监狱的一名官员，当时正坐在他的办公桌旁，突然，一名囚犯残暴地袭击了他，锁住了他的喉咙，力度足以致命。这名警官今天依然健在，因为当时另外四名囚犯前来解救了他。一个名叫小杰里·迭格斯的囚犯将袭击者打倒在地，另一个名叫戴维·斯科菲尔德的囚犯抢过警官的无线电收发装置并呼叫求助。囚犯黄武（音译）和特雷尔·卡斯韦尔则参与了对抗，最终穆恩警官摆脱了

有效说服

险境。[2]

因犯保护警卫，这种情况极其少见。当被问及为什么自己愿意冒着生命危险拯救穆恩时，他们的答案是"尊重"。正如一名囚犯所说的："穆恩，他做事不辞辛劳……虽然他是警官，但他表现得就像父亲一样。"[3] 这位警官一直在用尊重、平等的方式对待囚犯。因此，尽管他的工作就是看守这些囚犯，但他们还是本能地站在了他那一边。当他的生命受到威胁时，他们保护了他。

我们对尊重的高度敏感性，部分源于人类最普遍的合作原则——"黄金法则"的基础。如果你想在任意社交环境中都与人融洽相处，那就必须做到一点，即你希望别人怎样对待你，就要怎样去对待别人——要给予尊重。这一理念如此重要，以至于在时间的长河中，几乎每个文明和宗教体系都对其倍加推崇。

古希腊演说家伊索克拉底教导道："别人做了使你生气的那些事，你不要去做。"[4] 或者像毕达哥拉斯学派的塞克斯都所说的："你不希望在自己身上发生的事，自己也不要去做。"[5] 亚里士多德曾经被问到我们应该如何对待他人，他回答："你希望别人怎么对你，你就怎么对别人。"[6] 犹太教的托拉①告诉我们要"爱邻如己"。[7] 在《新约》中，耶稣的话语几乎一字不差地呼应了这一思想。

名为《法集要颂经》的佛教经文中也出现了箴言："不要用伤害自己的方式去伤害别人。"[8] 古老的印度史诗《摩诃婆罗多》教导道："你觉得对自己有害的事，绝对不能对别人做。简而言之，这

---

① 托拉，希伯来语 Torah 的音译，犹太教律法的泛称。——译者注

第六章 只需一点儿尊重

就是达摩的教条。"[9]在伊斯兰教中,据信先知穆罕默德曾说:"你自己想要什么,就去为人类寻找什么。"[10]

黄金法则是文明的基础。

如果没有尊重,我们所知的文明就不可能存在,更不用说任何形式的说服了。

将习惯性尊重他人谨记在心,并非我们与生俱来的能力。但如果你投入足够的时间,它就有可能成为你的第二天性,即你的情绪肌肉记忆的一部分。

大多数时候,我们并不会意识到自己不尊重他人。归根结底,人类对他人对自己做出的无礼姿态,比对自己做出的无礼行为敏感得多。正如乔治敦大学管理学教授、职场礼仪专家克里斯蒂娜·波拉斯所写的那样:"绝大多数的不尊重来源于缺乏自我意识。只有4%的人'自讨苦吃',声称自己不文明是因为这种行为很有趣,而且他们可以侥幸逃脱惩罚。更多时候,人们根本没有意识到自己是如何影响他人的。"[11]我们都希望获得尊重,简单的意识和关注真的能在很大程度上帮助我们实现这一目标。

与此同时,我们的数字技术正在不断创造新的机会,以前所未有的速度和频率给我们的人类同胞带去冷落、贬低、忽视、大男子主义说教、居高临下或者直接侮辱。在几天、几小时,有时甚至几分钟的时间里,一条未经深思熟虑的评论、一篇博客文章、一张照片或者一条推文就有可能冒犯全球范围内的数百万人,并破坏他们辛苦建立的名声。这使得尊重他人的品格越发难以培养,保持这种品格也变得比以往任何时候都更重要。

尊重他人：成为可靠的人

尊重他人的一个关键点在于可靠性。可靠的人是那种说到做到、一诺千金的人。你可以依靠他们——这是你可以信任他们的另一种说法。说到触及灵魂的说服，信任就是一切。如果你不相信你听到的话会转化成行动，那么世界上最令人信服的论证、推销或广告活动都毫无意义。

即使是违背最无关紧要的承诺，也足以破坏你的可靠性，而且在这个过程中，你对某个人表现出了不尊重。举个简单的例子，在你和别人通话的时候发生了一个意想不到的紧急事件，于是你告诉对方："说实话，我得挂了，完事以后马上给你回电。"我们一直都这么说，大多数通话对象也表示接受。但如果你不给对方回电话，情况就会对你不利。

尽管你可能会不假思索地违背承诺，但被你挂断电话的人很可能会细想，因为人们对任何不尊重的迹象都非常敏感。做出空洞的承诺就是在告诉对方，你只在方便的时候关心他们。

即使是最小的承诺也要兑现，对于展现你的品格、赢得信任而言，这是一个非常简单的方法。以下是一些可以让你不用思考就能展现可靠性的习惯。

不要"承诺"

如果你平时喜欢用"承诺""保证""确定"这些词，请不要再用了。像这样的绝对化的词语，如果随意使用，就会让你陷入麻烦，除食言以外别无选择。如果你直接告诉对方，你不能保证有一个确定的结果，他们会理解的。

承诺之前，留出时间

如果你对做出一个雷打不动的承诺有点儿犹豫，那么无论这件事是大是小，你可以请求对方给你一天或者一周，甚至一个下午的时间，仔细考虑一下，以确保你能顺利兑现诺言。这将防止你做出过度承诺。同样重要的是，它会给你足够的空间来思考是否值得把这个请求放在首位，或者你是否在做出承诺之前那一刻冲动了，只想着让对方开心。

承诺少些，兑现多些

在有些情况下，我需要保证一个特定的结果，这时我总是谨慎行事：我会承诺得少些，所以就算出现意料之外的事情让我偏离正轨，我依然可以兑现自己的承诺。

即使要命，也要守时

守时也许是向别人表示尊重和表明自身可靠性的最简单的方式。有时这意味着要缩短会议时间，这样你才能准时赴下一场约。这样很好——与那些迟到 15 分钟的人相比，人们对那些因为承诺在先而需要提前离开的人更加宽容。

保持守时的一个方法是尽量提前几分钟到达每个指定的地点。想想看："准时"就是比预定时间提前一两分钟。如果你的目标是早到一点儿，那你就很少会迟到。说实话，这是我每天的奋斗目标之一，我还在努力做好这一点。

尊重时间：失传的"处在当下"的艺术

人们常说："80%的成功在于自我表现。"[12] 在每一次互动中都充分展现自我，是最纯粹的表达尊重的方式之一，在这个对我们注意力的需求每秒倍增的时代，尤为如此。

我患有未确诊的注意障碍（ADD）。我的思想在不断地转移——我总是想着下一个项目、目标、岗位，下一场投标，下一顿晚餐，诸如此类。没错，你可以通过加强营养甚至摄入处方药的方式改善自己的生活，进而克服这一问题，但是你也可以训练自己在必要时用一种强迫自己的意识停留在当下的方式进行思考。

做到"处在当下"涉及应对我们如今面临的一个最强大的敌人——手机（当然，我们人类也不是天生就有能力处理现代社会中其他所有让人分心的事物）。下面这种情况我们都很熟悉：你正在和朋友、同事或熟人交谈，对方突然拿起了手机。也许他们正在看刚收到的信息，或者查看是否错过了来电；也许他们只是突然记起来自己要回复一封工作邮件。是什么原因并不重要，重要的是，在那一刻，对方已经正式脱离了与你的联系和与你的对话。他们已经不在当下了。这就是不尊重人的表现。

这种行为非常普遍，甚至有一个专门的词来形容它："低头症"

（phubbing，phone snubbing 的缩写）。荷兰蒂尔堡大学的研究人员调查了低头症现象对 104 名学生的影响。[13] 每个参与者都与一个自己从未见过的人进行配对。在实验开始前，这两个陌生人可以花 10 分钟熟悉彼此。

然后每对搭档会被随机分配到三个不同的组之一。在第一组中，两名参与者被要求在不携带手机的情况下进行交谈。这是"无低头症"对照组。在第二组中，一名参与者被要求在他们交谈的过程中，只要手机收到了通知，就必须马上查看。研究人员称之为"被动"低头症。在第三组中，一名参与者被要求每次看到房间后方的灯亮的时候，都看一下他的手机。他的搭档看不见灯，甚至不知道本次实验的特点——研究人员称之为"主动"低头症。实验的目的是研究三种不同的场景（无低头症、出现手机信息后的低头症以及主动低头症）是如何影响对方对其谈话对象的看法的。

与那些不看手机的人相比，查看手机的人被认为更不礼貌且更不专注。而且，正如你可能预料到的那样，主动低头症所引发的负面情绪比被动低头症引发的负面情绪更多。

这不是一个孤立的结果。来自肯特大学的心理学家在此前的一项研究中发现，在观看电脑模拟的一个人在另一个人面前上演低头行为后，人们会做出负面的反应。[14] 是的，没错，即使是卡通低头族也会惹毛我们。南加利福尼亚大学的教授做的一项调查显示，75% 的人认为，在与客户召开商务会议期间查看信息和邮件是完全不可接受的。在同一项调查中，87% 的人对开会时接电话表示强烈反对。[15]

如何在数字世界中分配你的注意力

在很多情况下，你既要参与当前的互动，又要保持电话畅通。也许你的孩子病了，在这种情况下，为了两个小时的会议而关手机是不负责任的；也许你正在对接一个时间很紧的工作项目，而它正处于关键阶段；也许你的老板正在经历一场危机，不可能花一整个下午的时间等你答复。

于是问题就变成了：如何在给予交谈对象应有的尊重的同时，还能让那些不在现场的人随时联系到你。下面是一些你可以尝试的技巧。

提前道歉

你正在和客户、同事甚至老板开会，而且事先就知道，你需要因为某个非常正当的理由随时待命。在这种情况下，假设和你一起开会的是一个通情达理的人，那就让他也了解你的境况。我通常会这样说："我知道这看起来可能很无礼，但我的孩子病了，我正在等医生的消息，所以待会儿可能需要出去一会儿，接个电话或者回个信息。"或者，我会说："我的室友遇到了急事，我待会儿可能需要出去帮帮她。"不管你的理由是什么，都要说出来。

这样做不仅能让你暂时搁置这件事，而不感到内疚或焦虑，还能确保当你拿起手机时，和你在一起的人不会觉得自己没有受到尊重。

"我很抱歉，但是我需要查看一下这条信息"是一种保持尊重的方式，表明尽管被其他人或事情打扰，房间里的那个人仍然是你的首选。这看上去似乎是一个无关紧要的细节，但它非常有帮助。把你的手机想象成潜在的感情破坏者，当你伸手去拿手机时，一定要给自己足够的警告。

简短、贴心、具体

如果确实在面对面会议中收到了重要信息，那么你需要担心的不只是你会因此冒犯房间里的人。我有时会收到一封电子邮件，客户焦急地要求立即回复。如果我正和另一位客户、同事或朋友一起喝咖啡，我可能就没时间回复一封冗长的邮件了。在这种情况下，我便面临冒犯发送邮件的客户的风险——他希望我随时有空，尤其是在事情出岔子的时候。

让我们假设，眼前的问题并没有紧迫到需要我立刻退出这场面对面会议（这种情况很少见）。通常情况下，客户想要的是我确保了解目前的情况，并且一切都在掌控之中。因此，我的策略是尽可能快地回复，而且要简短、精准地回复，明确表示我何时会与对方联系。比如，我会这样写："这种情况在我们的掌控之中。我现在正在开会，但在几个小时之内会打电话给你，告诉你一个计划。"

对大多数人来说，立即回复（或接近立即回复）至关重要。如果有人给你发了一条信息，随后就在收件箱里收到了你的回复，那么你的专注和对发件人的尊重就会清晰地显露出来。

宣布你接下来没空

如果我知道有人在我开会时可能要找我,那么我会先联系他,简单地发一封邮件或一条消息:"嘿,接下来我会开一个小时的会。如果你需要聊一聊的话,会后我随时有空。"除非你是一名创伤外科医生,否则很少有什么事情是等不了一个小时的。

"处在当下"和迪米特利·马丁是如何让 Mekanism 维持运转的

恪守"处在当下"的承诺对 Mekanism 取得最早期的成功起了很大的作用。2006 年,微软准备推出新的操作系统 Windows Vista,同时推出一个热闹的线上广告活动。当时,微软的广告代理商麦肯广告公司还不是数字领域的巨头。因此,这家公司的首席创意官罗布·巴戈特向 Mekanism 求助。

那时,我们还是旧金山的一家小公司,专攻制作,所以和微软合作对我们来说意义重大。这也是我们继续留在这个行业的最大希望,因为就像创业早期经常发生的那样,我们已经难以为继了。我们需要这个客户来维持公司的正常运转。

我的合作伙伴伊恩·科瓦利克、皮特·卡班和汤米·米恩斯提出了最初的创意:围绕一个神秘的社团发起一个线上活动,社团成员据传包括理查德·布兰森、斯坦利·库布里克、约翰·克里斯和达米恩·赫斯特等名人。基于这个创意,我们将创建一个线上寻宝游戏中心,为社团招揽新成员。随后,我们将建立一个基于社区的网站,鼓励候选人在此发表见解、想法和创意观点。它将成为一个专属的社交网络。

这个想法被否决了，我们又回到了最初的设计阶段，只有寥寥数语的指示——这场活动必须以清晰的理念为基础，因为新的操作系统承诺清除杂乱，让用户更加自由地工作。

我们设计了一个透明薄片，它和高射投影仪搭配使用，你可以在上面写字，然后投出影子来。这时汤米想起了一个喜剧演员，他的表演正是基于这个装置展开的——他就是迪米特利·马丁。迪米特利是社交媒体上的当红炸子鸡，这让他成为一个试图吸引年轻、时髦受众的产品的理想代言人。汤米设想了一部由迪米特利编剧并主演的网剧，迪米特利在剧中饰演一个被现代生活压垮的人，再也无法应对铺天盖地的海量信息。

毫不夸张地说，在那个时候，Mekanism 的未来完全取决于能否说服迪米特利成为我们的微软线上活动的一分子。但是我们还没有和他谈过这件事，而且就在那时，我们听到了一些非常不好的消息。当时，苹果公司刚刚给了迪米特利一大笔钱，让他和作家、《囧司徒每日秀》嘉宾约翰·霍奇曼一起出演一则 Mac（苹果电脑）广告。霍奇曼将是台式机的化身——一个古板的、书呆子模样的角色，代表一台基于 Windows 系统的电脑；马丁是时髦而年轻的 Mac 的化身，是苹果电脑的代表。

我们不得不努力说服迪米特利放弃这个想法，告诉他："你不会想要站在摄像机面前，念某家广告公司为你写的剧本台词。在你的余生，所有人对你的印象都会是一台电脑。"但当时迪米特利已经到了地球的另一边，正在澳大利亚墨尔本喜剧节表演。

我们本可以给他打个电话，强硬地劝说身处地球另一边的他。但我们马上意识到，打电话并不能解决问题。没有人会因为一通电话就放弃苹果公司一个已经敲定的营销活动。要想做成这笔生意，我们必须亲赴现场。因此，我们用 Mekanism 仅存的一部分资金预订了从旧金山飞往墨尔本的价值数千美元的机票。

果然，迪米特利被我们不远万里的到访打动了。这无可争辩地体现了我们对他和他的喜剧的重视。最后他同意了。Mekanism 不仅拿下了这个项目，维持了业务，而且一跃成为广告业的中流砥柱。我认为那天在澳大利亚的成功在很大程度上归功于我们亲自到场。无论我们的创意有多棒，无论微软有多喜欢我们的创意，如果我们低估了"处在当下"和表达尊重的价值，我们就不会有这场胜利。

尊重你的错误：承担责任

我可以向你保证，有一件事无法避免：你总会有出错的时候。你会说错话，无意中冒犯某人，不会体察人心，犯错误，开欠考虑的玩笑，或者通过其他方式搞砸自己的社交。它可能是一个只有你的小圈子里的人才能看到的个人失败，也可能是一个非常公开的社交媒体过失，吸引了你认识的每一个人，还有很多你不认识的人的关注。

在我们生活的时代，一句轻率的话就可能损害个人名誉，造成无法弥补的后果，而且这一切可能就发生在眨眼之间。学会明智地处理这些不可避免的危机至关重要。当你在社交媒体上失态，甚至因为一条私人评论而引火上身时，人们会立即对你做出无法改变的评价。

那些真正具有说服力的人可以避免这些问题，而且影响力毫不受损，甚至还可能加强。成功应对这些高度敏感情况的关键点在于通过对自己的言行负责来表现对受众的尊重，即使这样做很痛苦。

一点点预防措施

一条被误导的推文或者领英帖子就足以让你的世界轰然崩塌，这是因为它能被数量惊人的人看到。这就增加了你的无辜信息被误解的可能性。最重要的是，社交媒体上的内容往往是一直存在的。你根本不知道未来几年谁会偶然看到你的信息，他们会如何解读它，或者当一切平息之后你会过得怎样。

迪士尼解雇了《银河护卫队》的导演詹姆斯·冈恩，因为他在2008年至2011年期间发布了一些令人作呕的推文。从表面上看，冈恩发布这些推文（提及恋童癖、强奸、艾滋病、大屠杀等），就是有意通过说出自己能想到的最无礼的话来挑战人们的底线。[16]当时，他可能从这些评论中获得了一些笑料，却从未想过它们会损害自己的职业生涯。这些推文已经被删除了，但这并不重要。现在每个人都知道了，某个东西一旦进入网络世界，就像被刻在了石头上一样。如今冈恩看上去已经重归影坛，但他道了很多歉、花了很多时间才重新站稳脚跟。

我有时喜欢对朋友和家人发表尖锐的评论，但如今我努力不再越界。如果我最终还是冒犯了某个人，那么至少我是在和一个了解我的人打交道，我希望他不会以这一两个错误来评判我。

如何度过社交灾难

我们都是人，这意味着我们都会搞砸事情。我们生来如此，所有人都会犯错。

预防固然很好，但即使是最谨慎的人也会在某些时候说错话，并为此付出代价。那么下一步该怎么办呢？

有一个完整的行业可以处理这类情况，从业人员使用"危机管理"和"损害控制"这样的专业术语。但这种反应只是策略性的。如果你一直在努力培养良好的品格，也就是我到目前为止讨论过的所有品格特征，包括真诚、放长线思维、慷慨和尊重，那你就不应该有这种策略性的想法。你不应该努力说那些最能帮你度过即将到来的暴风雨的话。相反，你应该想办法展示自己最真实的一面，让人们自己来决定怎么评判你。

正如水门事件时期的那句老话所说的："问题不在于犯罪，而在于掩盖。"当人们以一种会产生严重社会后果的方式做出越轨行为时，搞垮他们的通常不是这个行为本身，而是他们对此的反应方式。美国总统比尔·克林顿并非因为其对白宫实习生的所作所为而遭到众议院的弹劾，而是因为他在曾发誓说真话的情况下撒了谎，并且为了掩盖自己的罪行妨碍了司法公正。[17]

如果有人犯了一个重大的社交错误，比如在网上发布了一条愚蠢的评论，说了一个不顾别人感受的笑话，或者就是怒火中烧、出言不逊、故意侮辱别人，那么持久的损害来自对这个人印象的改变，我们感觉自己第一次看到了这个人身上不为人知的一面。它（也许甚至以我们察觉不到的方式）提醒我们，这个人所呈现的形象充其量只是真实情况的一部分，往坏了说，不过是一层薄薄的外壳，里面隐藏着一个肮脏、可恨、无知或恶毒的角色。我们感觉受到了欺骗，而且不被尊重。

如果此人通过否认、粉饰或其他手段进入了损害控制模式，那不过恰好证实了我们最坏的恐惧。时任美国众议员安东尼·韦纳不小心在推特上发了一张自己裤裆的照片，随后在电视上含糊其词地解释自己的账号被黑客盗了。在他弄虚作假之前，支持者可能还有忠于他的意图，但他试图欺骗他们的做法完全浪费了他们的善意。最后，与他原来的意图相比，他暴露了更多自己的本来面目。[18]

优雅地处理事情的唯一方法就是大大方方地向人们展示完整的你自己，包括你所有的缺点和优点，毫无保留。这种反应不仅是对你的受众的尊重，也是对你自己的尊重。要做到这一点，有几个原则值得牢记。

对自己诚实

你是不是刚在网上骂了某个人？你是不是刚才说了一句伤害朋友感情的话？你是不是提到了某个话题，但你其实并不知道在座的某个人对这个话题很敏感？无论是什么导致了这场吞噬你的风暴，首先你应该弄清楚自己是怎么走到那一步的。

也许你只是不高兴了，一时冲动，想要伤害别人。或者你可能真的认为自己当时就是在开玩笑，但现在意识到并非每个人都喜欢那个笑话。有可能你只是缺少了关键的一点儿信息，如果你知道全部事实，你就不会说当时说的那些话了。

对于许多人来说，他们的第一反应就是进行防御，寻找方便的借口，或者就像安东尼·韦纳那样打出否认牌。这种反应不仅是对你的受众的不尊重，也是对你自己的不尊重。如果你为了逃避自己行为的真正后果而对自己撒谎，那你实际上是在让自己失望。改善情况的唯一方法，就是认清自己的不足之处并下决心弥补。如果你缺乏这样做的自尊，那你肯定也不会尊重他人。你希望别人怎样对待你，就要怎样去对待别人——我们提到的这条黄金法则，只有在你一开始就同样尊重自己的时候才有效。

有时候，当事情变得棘手时，我们都会坚持否认。最优秀的、最有影响力的那些人会战胜这种本能。

清楚、迅速地解释

一旦你找出了自己搞砸事情的真正原因，就要想出最清楚、最直接、最简洁的方式把它表述出来。用词过多，或者过于委婉，只会让你看上去似乎有所隐瞒。你甚至可以简单地说一句："我当时生气了，一时冲动说了一些愚蠢而伤人的话。我错了。"

用心道歉

既然你已经解释过了，那么接下来你要说的话（或者你在社交媒体账号上应该发布的内容）应该是道歉。

表达悔恨的最好方式是什么？怎样表达歉意才能达到最大效

果？我把这个问题留给策略专家和操盘手。我唯一的建议就是遵循黄金法则，想一想如果被冒犯的是你，你想要得到怎样的道歉，然后付诸行动。换句话说，表达尊重。

小结

即使是对微小的轻视和冒犯，人们也有高度发达的敏感性。一旦你触发了他们的"不尊重"警报，你就不可能让他们站到你这边来了。所以说懂得表达尊重是有说服力的品格的重要组成部分。

如何成为一个懂得表达尊重的人？我总结出了以下三个要素：

1. **尊重他人**：不管事情多么微小，你只要承诺过，就一定要做到，这样才能体现你的可靠性。
2. **尊重时间**：交谈时一定要专注，也就是"处在当下"（你如果做不到，那就要把原因告诉对方）。
3. **尊重错误**：如果你把事情搞砸了，或者做错了事，那就承认错误吧，并利用这些机会优雅地处理问题和承担责任，展现你的尊重、慷慨和诚实。你如果想保持自己的影响力，就要利用这些机会向人们展示真实的自我。

如果你不能习惯性地表现出尊重的态度，那你就很难具备触及灵魂的说服力。

总结
原则二：慷慨

慷慨的人更有说服力——就是这么简单。这种人试图改善他们所遇到的每一种情况，而且从不关心自己会得到什么回报。这让他们更值得信任，更有吸引力，与之共事也更加愉快。他们是我们喜欢的那种人。所以，如果你养成了这种品格，你就已经扫除了说服之路上的很多障碍。

要成为一个慷慨的人，方法有很多，下面这些习惯对我特别有用。

每一次交流都要有所付出

无论何时与某个人相遇，你的目标应该是让他过得比以前更好一点儿。所以要确保你给了他一些东西——一个推荐、一条建议、一句赞美、一件礼物，或者只是你的时间和注意力。无论送出什么，一定要保证真心诚意。这个习惯一开始不会那么自然，但随着时间的推移，你会开始从他人需求的角度去看待交流，这会让你更容易确认自己最佳的给予方式。

践行积极性

负面情绪是一种强大的具有说服性的力量，但是这个世界不需要更多的焦虑、恐惧、仇恨和分歧，所以你如果想施加影响，那就最好通过积极的方式实现。在这个过程中，你首先要学会让自己真正的积极情绪在你为人处世的方式中发挥主要作用。

如果你能做到这一点，你就能获得一种影响力，它会让人们看到无限可能，吸引他们采纳你看待事物的方式。你的慷慨品格会带来说服力。

在实践中，这意味着你要培养自己对生活中美好事物的感恩之心，仅仅出于建设性的理由进行批评，认识到即使是最沉闷、最乏味的互动也有可能孕育伟大的成果，保持开放的心态，把种种焦虑的情况重新定义为兴奋的源泉。

通过表达尊重认真对待他人

不尊重你的受众（包括他们的才智、信念和经验）会迅速破坏任何说服性尝试。

幸运的是，规避常见的不尊重问题并不困难。恪守你的承诺，尽可能地"处在当下"，快速而真诚地承认你的错误——学会这些方法，你就会培养出隐含尊重的品格特征。

慷慨的人是具有触及灵魂的说服力的人。

原则三

同理心

如果你搞不懂为什么有的人和你意见相左，那么你改变他们想法的概率就不会太大。如果不能展现对受众而言最重要的价值观、关注点和信念，那么即使是措辞最得体的演讲或者精心制作的广告也无法说服任何人。

此外，仅从表面上、智力上理解他人的观点是行不通的。你需要在直觉和情感层面理解你的受众。你需要透过他们的双眼看待事物，并弄清他们接受特定观点和信念的原因。这就需要同理心。

具有同理心的人善于消除分歧，让人们融入同一阵营。他们能够消除阻碍说服的"我们对抗他们"的思维方式。他们认为人们在本质上是相似和平等的。他们是天生的合作者，习惯与周围的人建立联系，并找到与他人合作以实现共同目标的方法。换句话说，他们是天生的说服者。

第七章

不是我,而是我们

只有对别人的生活感同身受,才能理解他们。

———约翰·斯坦贝克

从本质上讲，说服要求你接触与你意见不同的人。如果你想有所收获，那你首先必须了解受众的想法来自何处。你必须真正理解他们为什么坚持自己的立场，并了解他们的信念中哪些是不可动摇的，哪些是可以协商的。你必须与他们站在一起，而不是隔着一段距离训诫他们。要想实现触及灵魂的说服，同理心是绝对必要的特质，这便是个中原因。

同理心是一种识别和理解他人感受的能力。当别人理解我们的时候，我们更容易认同他们，这一点很难否认。这就是为什么我们必须试着设身处地为别人着想，才能真正理解他们。

遗憾的是，如今我们非常缺乏同理心。为什么会出现这种情况，有很多种解释——可能是社交媒体算法、有线电视新闻或者对名望的过度追求。我们非常容易被与我们现有观点相符的想法和论据吸引，并将那些与我们的观点相冲突的声音挡在门外。我们中的许多人可以在很长时间内完全不去接触与自己的世界观截然不同的观点。

这种新现实带来的一个后果是，我们越来越难以运用同理心。如果有人不同意我们的观点，我们不仅会认为他是错的或者他受到了误导，不知何故还会认为他是不值得尊重的，甚至是恶毒的。我不是在说法西斯主义者或白人至上主义者，我指的是那些恰好属于不同政党的人，或者在某个问题上持有不同观点的人。

在 1960 年，只有 4% 的民主党人和 5% 的共和党人承认，如果他们的孩子与其他党派的人结婚，他们会感到"不高兴"。[1] 在那段时间，某人不是民主党人或共和党人，并不意味着他不是一个好人。但到了 2016 年，60% 强烈认同民主党的人以及 63% 坚定支持共和党的人都反对党际联姻。[2] 这甚至发生在特朗普上台之前。

如果说这种态度的转变揭示了什么的话，那就是我们越来越缺乏同理心。这并不是说我们不理解为什么有人会在医疗政策、移民或税收改革等问题上持不同的立场，而是说我们通常不会真正去尝试理解。我们把政治对手往最坏的地方想，而不会把他们看作在这些复杂问题上与我们得出不同结论的人类同胞。

从根本上说，这是一种原始的"群体内／群体外"思维，正是它激发了种族主义、性别歧视、仇外心理和其他有害的歧视形式。要想共同生活在一个多元化的公司、社区、国家和世界，我们就必须能够互相说服，找到共同点，这是我们唯一的希望。如果没有同理心，这一切就不会实现。

同理心带来的影响：
乔治·奥威尔和内莉·布莱

同理心可以改变人们的思维方式，有助于重塑那些最具争议性的问题。关于这一点，我最喜欢的一个例子是奥巴马总统对非裔青少年特雷文·马丁遇害的回应。2012 年 2 月 26 日晚，马丁在佛罗里达州桑福德被社区协警乔治·齐默尔曼枪杀。[3]这件事导致美国关于种族问题的讨论白热化。美国各地都爆发了抗议活动，电视新闻里充斥着各种激烈的观点，包括枪击的背景、事件的象征意义以及谁该为此负责。

作为美国首任非裔总统，在枪击事件过去几周后评论马丁的死亡时，奥巴马如履薄冰。当时，美国司法部正在对这起谋杀案进行调查，而作为联邦政府的最高官员，更不用说地球上最有权势的政治家，他不得不小心翼翼地避免在所有事实收集完毕之前就对事件做出判断，从而影响调查结果。与此同时，他知道他必须针对这一话题发表看法——他知道他必须利用总统职位这一扩大影响力的工具，去帮助塑造这场辩论，并平息这场正在让这个国家四分五裂的纷争。

在对这桩谋杀案发声之前，他足足等了 26 天，但最后他再也忍不住了。在一场与此事无关的新闻发布会上（他宣布提名金墉为世界银行行长），一个记者问了奥巴马一个问题："总统先生，你能对特雷文·马丁一案发表评论吗？"他的回答是通过展现同理心来发挥影响力的一个教科书级范例：

> 我只能想象他的父母正在经历些什么。每当我想到这个男孩时，我就会想到我自己的孩子。我觉得美国的每一位家长都应该能够理解，为什么我们绝对有必要彻底调查这一事件，为什么联邦、州和地方的所有人必须齐心协力，查明这一悲剧发生的原因。[4]

然后，他说了一句被认为是他在总统任期内所说的最著名的话："如果我有个儿子，他应该长得像特雷文。"[5]

这个事件在那时已经成为一个分裂国家的问题，他触碰了这件事，并把它变成了可以和每一个人联系起来的普世性问题：某个人的儿子被杀了。通过请求美国人民同情特雷文的父母，他让美国所有人在短时间内都站在了同一条战线上。他将这个故事（它已经变成了一个抽象概念、一则寓言、一枚政治子弹）重构为一个可能发生在任何人身上的悲剧。

当然，奥巴马没能弥合种族主义、警察暴行、枪支暴力及其他所有围绕这一事件的分化问题所造成的社会裂痕，而且从那以后这些问题变得更糟了。但他确实改变了大多数人对这件事的理解。他之所以做到了这一点，是因为他要求所有人都站在马丁父母的立场上，而且把有关各方都视为人类同胞。

奥巴马沿袭了政治影响者的悠久传统，他们将同理心作为一种工具，用于拓宽人们的视角，帮助他们以不同的方式看待事物。乔治·奥威尔在他的第一本书《巴黎伦敦落魄记》中使用了这种技巧。这本1933年的回忆录讲述了奥威尔在这两个城市最贫困的人群中生活和工作的经历。他写出了一部让人们无法忽视这些地方最弱势人群的真实苦难和深刻尊严的作品。直到现在，它依然是理解无家可归问题的一个里程碑式的成就。事实上，它至今依然意义非凡，就在2018年夏，演员和作家们还在巴黎和伦敦举行了现场戏剧活动来纪念这本书。

在奥威尔让欧洲城市贫民的悲惨命运鲜活起来的几十年前，调查记者内莉·布莱于1887年获准进入精神病院，以便直接记录美国精神病患者所受到的残暴对待。她在19世纪末写的一系列文章最终出版为《疯人院十日》，这本书为该机构带来了急需的各类改革。[6]

今天，最忠于职守的记者们依然坚持着一个传统，即通过激发读者天生的同理心，向读者曝光许多人倾向于回避的丑陋真相。我听说畅销书《说谎者的扑克牌》《魔球》的作者迈克尔·刘易斯在一次名为"营销50"的行业活动上说过：

> 如果我告诉你有50万人死于叙利亚内战，你可能会耸耸肩。但如果我告诉你一个特定的10岁男孩的故事，他和你的儿子一样大，在放学回家的路上离世，我带你回顾他的整个故事，你就会被一种力量推动着想做点儿什么去阻止事情的发生。

以上所有案例都证明，在影响人们的观点和重塑对话方面，同理心和具体性比任何论证都有效得多。

被右翼（和左翼）蒙蔽

为了了解缺乏同理心是如何阻碍说服的，让我们看看多伦多大学罗特曼管理学院的教授马修·范伯格和斯坦福大学的社会学家罗布·维勒的一项研究。在几项实验中，研究人员要求参与者开展旨在赢得政治对手支持的论证。例如，自由主义参与者必须以一种能体现保守主义价值观的方式开展支持同性婚姻的论证。保守派也不得不在让英语成为加拿大的国语这一问题上采取同样的做法。结果不尽如人意。

在同性婚姻的实验中，只有9%的自由主义者做出了以保守主义价值观为框架的论证。这项任务远非不可能完成。正如研究报告所指出的，自由主义者本可以把他们的理由建立在某个基本的保守主义原则上，比如忠诚，然后说：作为美国人，男同性恋和女同性恋"应该与我们平起平坐"。[7]

与此同时，只有8%的保守派人士能以自由主义价值观为基础，提供充分的理由来支持英语应当成为国语这一论点。这也不是一个苛刻的要求。你可以这么说：采用一种单一的官方语言将有助于减少歧视现象。[8]但这需要真正理解你的意识形态竞争对手的想法的由来——从对方的视角看待这个世界。

在某些实验中，参与者实际上提出了公开攻击对方道德的论据。尽管研究人员特别要求，他们提出的论据必须让政治对手也表示信服，但这种情况还是发生了。就算你不是说服大师，你也应该知道，把你的受众当成坏人是不会让对方改变观点的。[9]这些政治派别不同的人所缺乏的,是通过那些与他们观点不同的人的双眼来看待热点问题的能力。他们缺乏同理心。结果,他们成了糟糕的说服者。

这种普遍缺乏同理心的问题可能令人沮丧,但也很容易解决。尽管有线新闻台、政治宣传广告和社交媒体确实正在削弱我们从相反的角度看待问题的能力,但这些并不是我们能够控制的事情。

我们能控制的就是自己的品格。

通过培养同理心,我们可以保持说服他人的可能性——甚至是被他人说服的可能性。这一过程的第一步是学会习惯性地对他人感到好奇。

自然地对他人感到好奇

有一条历史悠久的至理名言是这么说的:如果你想要别人对你有好感,你不妨问问他们关于他们自己的事情。询问他们孩子的情况,他们周末做了什么,接下来是否有休假安排,诸如此类。如果你在办公室工作,那么无论作为会议开始时活跃气氛的话语,还是走向电梯时的寒暄,你可能一直都在谈论这类话题。我们很少相信问这些问题的人真的关心对方的回答——很明显,这整个过程只是一场表演。

总的来说,人们喜欢谈论自己,以及以这样或那样的方式让别人了解自己。但是为了让对话实现这一点,人们需要分享对他们来说真正有意义的事情——他们需要感觉到某个人确实感兴趣。所以，真诚地对他人感到好奇，并让这种好奇心驱动你和他们的对话是有好处的。如果你养成了这种习惯，你就会在他们身上看到那些平时看不到的东西。一旦看到这些东西，你就给了自己足够的素材去理解他们的观点。

好奇心是可以习得的，就像其他任何事情一样，它是一种技能。我们经常意识不到这一事实的原因在于，我们对好奇心的理解是错误的，而且一直基于这种理解在思考。好奇心并不仅仅是关心某件事。它其实是压抑一种感觉，即你已经知道了所有值得被知道的事情。

所以我们会喜欢那些能够证实我们现有观点的新闻故事，也会喜欢与和我们及我们的朋友相似的人打交道。我们通常下意识地相信自己知道世界是如何运转的，因此没有必要去寻找新的信息，也没有必要去面对那些妨碍我们心中整洁的世界图景的事实或人。当然，这种无所不知的感觉是一种选择。就像我们的心跳一样，我们的无知总是存在的，不管承认与否。

当我们意识到自己并不完全了解一个人、一件事或一个政治问题时，我们的好奇心就会起飞。一旦我们内化了这种知识上的差距，它就变成了一种痒，让人忍不住想去挠。它提出了我们需要回答的问题。我们变得自然地好奇。

具体到人类，缺乏好奇心通常源于这样一种假设，即我们已经认识了世界上的每一种人，一旦我们把一个新结识的人归为其中一种，他对我们而言就没什么可以了解的了。对他人感到好奇就是要推翻这个假设，有几个技巧可以做到这一点。

把别人的喜好视作问题

我们有一种天然的冲动,那就是把人们的奇怪兴趣和怪癖当作将他们放进某个特定盒子的理由——当我们自己并没有这类爱好或行为时,更是如此。如果坐在你旁边的那个人的办公桌上满是火人节①的照片,你的第一反应可能是给她贴上自由奔放、现代嬉皮士的标签。或者,如果你姐姐的男朋友把《星际迷航》的图片用作屏保,那你可能会认为他是一个笨拙的科幻极客。

捷径可以节省时间,但没有人喜欢被定型。

与其把对某人性格的细微一瞥作为"这是个什么样的人"这一问题的答案,不如将其简单地看作新问题。也许你从来没有想过要去火人节,也不明白它的吸引力所在。你可能会沉浸于某种误解之中。这是一个学习新东西的机会——不仅关于那个人,还关于一整个亚文化。

有可能对方是素食主义者,而你是三分熟大脊骨牛排的忠实爱好者。也许他的饮食习惯源于一些你从未考虑过的想法。也许他曾经也是个肉食爱好者,但一场健康危机迫使他改变了饮食习惯。也许他从小就吃素。如果你表现出真正的兴趣,对方可能会坦率地回应,并最终分享一些关于他自己的事情,从而加深你的理解。

这是我从记者、采访大师卡尔·富斯曼那里学到的技巧。正如他解释的那样,当你问人们那些真正让他们快乐的话题时,"很多人会很感激你的问题让他们想到了自己热衷的领域,他们通常会想

---

① 火人节是美国的一个反传统狂欢节,最早可追溯至1986年,其基本宗旨是提倡社区观念、包容、创造性、时尚以及反消费主义。——译者注

要更深地投入这个话题。你所创造的舒适感会带来一种信任感"。[10]卡尔的重点在于找到能得到真正答案的问题。他的整个职业生涯都建立在提出正确的问题之上。

随着时间的推移,你越来越能意识到自己周围的人多么不可预测,如果你用心去关注他们的话。一旦这种洞察力扎了根,你对他人的好奇心就会自然而然地随之而来。

少一点儿闲聊

这个技巧是对第一个技巧的自然跟进。闲聊真的会耗尽一次会面或对话的生命,如果你只是为了礼貌而敷衍了事,那就更是如此了。你知道我指的是那种闲聊:"今天天气怎么样?""这种交通情况你能信吗?"这类评论很少会引发有趣的交流,而且对它们的回应也几乎都很没意思。关于天气有多少有趣的事情可说呢?

相反,我们要致力于参与真正有吸引力的对话。在某些情况下,一个明显的问题并不会自动现身。这时,我会寻找能引发更深入对话的言论或者问题。比如,我会分享一些关于自己的事情,然后问一个问题,让对方也这样分享。我可能会说:"我昨晚花了一整晚的时间读了一本关于20世纪30年代意大利拳击手的书,它真的帮我在辛劳的一天之后放松了心情。你有这样的释放渠道吗?"

你所做的是围绕对对方而言真正有意义的事展开一场对话。你跳过了那些客套话和闲聊,以最快的方式开启了一场有意义的对话。如果你做对了,那么你不仅能培养自己的好奇心,还能培养同理心。

跳出圈子思考

另一种培养你对他人兴趣的可靠方法是跳出你的圈子，花些时间和那些你通常不会与之为伍的人待在一起。你所在的社区无疑充满各种各样有趣和引人注目的人。但是，如果你真的想要对他人产生好奇心，那么去找那些你身旁的人在某个更基本的方面让你觉得陌生的情境是很有帮助的。

这可能简单到去参加一个通常你会因为朋友们都不在而缺席的聚会。这也可能意味着接受朋友的邀请，去他所在的教堂参加周日礼拜，即使你不信仰基督教或者根本不信教。或者，与其在海滩上晒太阳、喝鸡尾酒，不如跟随乔治·奥威尔和内莉·布莱的脚步，探访一个有着你从未见过的文化的陌生领域。

如果一切顺利的话，那么很明显，这些文化远比你所能想象的更复杂、更惊人。你会开始意识到自己对朋友的教堂、美国中西部或西班牙南部的了解多么匮乏。我们都把这些经历当作加深对人类同胞理解的机会。试着去理解他们的动机、激情、恐惧、人生哲学以及意义的来源可能是什么。

简而言之，问一些你真正想知道答案的问题。

多倾听，少评判

倾听的最大障碍就是评判。我们都倾向于过分强调能够证实自身现有观点的信息。心理学家称之为证真偏差。这是一种强大的力量，即使是最公正的人也总是屈服于它。

然而，要想成为一个好的倾听者，你需要把自己的成见和宠物理论[①]放在一边，尤其是当你与持不同观点的人交谈时。试试让红袜队的某个球迷承认纽约洋基队本赛季的候补投手可能水平更高，即使这是一个不可否认的事实。他们可能会向你抛出各种精心挑选的事实来证明自己为什么是对的，而完全不理睬任何与其论点相悖的事实。

对付你自身的这种倾向的方法之一是，把每一次对话都当作一个证明自己错误的机会。当你学习保持这种思维模式的时候，有几个技巧要记牢。

假设对方是天才

这已经成为 Mekanism 的座右铭。我们不断提醒团队成员，大家应该假定客户比我们聪明，并由此展开行动。我们总是说我们的客户是天才，以此来防止思维惰性。如果你从一开始就知道你所服务的人很懂行，你就更加能意识到自己想法的弱点。那是因为你总是会问自己："一个聪明的、见多识广的人会怎么想？"一旦你采用了这种心态，你就更容易诚实地面对自己，确定哪些想法坚如磐石，而哪些会在压力下屈服。

---

① 宠物理论指的是深受其创造者（或者任何听说过它的人）喜爱、其他任何理论都无法比拟的理论。不管这个理论是否正确，创造者通常希望它是正确的。拥有宠物理论的科学家可能会因为这种对宠物理论的"喜爱"而失去客观性。——译者注

这种思维方式对于成为一名优秀的倾听者也至关重要。如果你正在和一个与你意见相左的人对话，你应该问的第一个问题是："为什么一个聪明的、见多识广的人会有这种想法？如果这种想法对和我一样聪明（或者可能比我更聪明）的人如此有吸引力，那我到底少考虑了哪个方面？"

给对方需要的所有时间

好的倾听者会让对方多表达——这句话你以前肯定听过很多次。但是这个原则不仅仅是礼貌问题。在与持不同观点的人交流时，你的目标应该是得到对方观点的最完整版本。记住，你是在试图回答"为什么聪明人会有这种感觉"这个问题。要弄清楚这一点，你就需要给对方时间和空间，让他们尽可能清楚、完整地表达自己的想法。

承认你的理解有限

你可能需要某人对某个评论做进一步说明，或者你可能没有听到某人从前提到结论的推理过程。也许他谈论的是你从未听说过的一本书、一个人或者一件事。利用这些机会鼓励对方重新表述他的观点，提供重要的背景信息，或者补充他正在描绘的画面。这会让你的交谈对象知道你在认真倾听。

问问对方持有自己信念的原因

我们所接受的信念很少只建立在事实、逻辑和论证的基础上。

几乎总有一个更深层次的故事。要了解这个故事，首先要了解和你互动的人是如何获得他们的信念的。也许这是他们从小就有的想法；也许他们有一位魅力超凡的大学教授，给他们留下了深刻印象；也许他们在经历了带有启示意味的人生片段后得出了这个结论。寻找这些更深层次的影响的迹象，然后发问。

比如，你和男友可能会在周末安排上产生分歧。他一心想去听演唱会，而你却更愿意去看刚上映的电影。运用你的同理心，并询问男友想去听演唱会的真正原因，通过这样做，无论最后是和男友同行，还是改变他的主意，你都能更好地应对。你可能会了解到，举办演唱会的是你的男友在高中或大学最喜欢的乐队，能给他带来巨大的情感价值。有了这些信息，你可能会认为看演唱会是更好的选择。或者你可以指出，一起去看那部精彩的独立电影，你俩可以创造新的回忆。

以最好的方式复述对方的观点

一旦对方陈述了自己的立场，你就要努力用最直观的语言复述其观点。这种复述应该是对话式的，而不是对抗性的。它们常常以这样的短语开头："那么，你说的是……""让我看看我是否正确地理解了你的话……"

你需要尽自己最大的努力不去曲解他们的立场，相反，要确保你听到了他们所说的话。这就是哲学家所说的宽容原则①。[11]这里的

---

① 宽容原则认为，人们应该更加开放、更加善于接受别人说的话，应该试着从最积极的角度来看待他人的言论，而不是将其视为难以理解的事物。——译者注

意思是，如果你要质疑别人的观点，必须从它的最准确版本入手。

寻找共同点

在倾听别人的观点时，寻找他们的立场中你可以接受的地方非常重要。对我来说，这些共同点通常是他们观点背后最核心的价值观。试着找出它们究竟是什么。他们对移民的看法归根结底也许出于公平，或者出于忠诚、慷慨或同情。我们所有人都在不同程度上珍视这些价值观。因此，如果你能就这些普遍概念开展对话，你就更有可能理解对方的观点从何而来。

在多伦多大学的那项研究中，那些实验参与者之所以未能提出有说服力的论据，是因为他们没有与对手立场背后的核心价值观建立连接。自由主义者看不出哪些共同的理想对于保守主义者来说最为重要，反之亦然。其实只需要一点儿努力，就能很容易地避免这个错误。

Mekanism 的策略是让潜在客户谈论对他们来说重要的事情——他们的价值观、目标、看待世界的方式，以及他们公司在世界中的位置。我们寻找的是能够引发共鸣的想法，我们能用它们来激发我们自己的想法。理想情况下，我们会直接找到能真正体现客户想法起源的客户自己的语录。

当我们在稍后的过程中提出自己的想法时，我们会说："您在之前一次会议中提到的一些事情听起来非常在理，引发了我们的思考，我们进而产生了这个想法……"这通常是我们在投标时对潜在客户说的最有力量的话。这是因为通过向对方重述我们恰巧也接受的信念，我们能让他们知道我们理解他们，而且他们启发了我们。在某种程度上，这给了他们接受我们工作的许可，或者至少会让他们以开放的态度对我们的工作进行评估。

你的目标应该是更好地了解对方的真正驱动力，他们最不愿意放弃的基本原则是什么，以及他们可能会考虑修正哪些原则。这会让你用一种把对方拉近而非推开的方式更好地表达自己的观点。

对方会觉得你理解他们，而且你会证明他们的判断是对的。

小结

同理心和说服力相辅相成。如果你试图打动某人，那你最好能理解他们的想法来自何处。当某个人已经和你站在同一边时，你很难从对方的角度去看问题。当和你互动的人以一种与你截然不同的方式看待世界时，要做到这一点就更难了。

我们很容易待在自己的舒适圈里——无论这个圈子是意识形态的、哲学的、文化的，还是社会经济方面的——以至于不幸地荒废了从新的角度看待事物的能力。结果，我们说服别人的能力受到了很大的打击。

其实大可不必如此。我们可以下决心让自己变得更有同理心，而且我们可以通过达成两个目标来实现这一点：

1. 自然地对他人感到好奇

2. 多倾听，少评判

培养同理心的理由不应该仅仅是在争论、选举或者关于世界观的对抗中获胜。真正的理由是，从长远来看，这是来自不同背景和信仰体系的人能够走到一起的唯一途径。

如果你努力让自己对他人抱有更强的好奇心，问一些吸引人的问题，不带偏见地倾听，并且采纳他人的观点，那么你就会成为那种我们都想要认同的人。

第八章

合作的必要性

如果你想说服他人，要诉诸利益，而非理性。

——本杰明·富兰克林

如果你想说服的人已经和你站在了同一边（即使是在最微不足道的程度上），那么你赢得他们支持的机会就会大大增加。这就是为什么天生的合作者往往也是高效的说服者。

无论是个人的、专业的还是娱乐性的项目，当你和另一个人合作一个项目时，你们明显站在同一边。如果某个人已经是自己人了，那么我们便更加愿意倾听他的意见，相信他的判断，关心他的福祉，并且把他的观点当作自己的观点。

在20世纪70年代早期的几项具有里程碑意义的实验中，心理学家亨利·泰弗尔和他的同事们将实验参与者随机（包括用掷硬币的方式）分成两组。即便这些组别是随机决定的，"我们对抗他们"的心态仍然影响显著。在实验中，当研究人员要求大家分配值钱的积分时，每组人都表现出对自己组内成员的明显偏袒。尽管参与实验的人此前从未见过他们的同伴，也没有理由相信他们会再次相见，但还是存在这种对自己组内成员的偏袒。[1]

在潜意识里，我们认为我们的合作者和我们在本质上是相似的，于是他们的项目成为我们的项目。当我们同意团队成员的意见，或者帮他们一个忙时，我们就是在肯定自己最初与他们合作的那个决定。

合作和参与的价值融入了美国人的国民性格。美国的缔造者之所以发动美国独立战争，在很大程度上是因为他们不愿意被自己没有参与创造的制度和法律统治。"无代表，不纳税"是当时的口号。这相当于要求公民参与政府决策。

结果是美国人获得了至今依然是美国特质的民主政治———一种本质上是从合作这一事实中获得合法性的政府形式。他们可能不会赞同每一项通过的法律，也不会认可每一次选举的结果（这是肯定的）。但即使并不赞同或认可，大家也会接受它们的合法性，因为人们参与了这个过程，是合作者。

寻求合作和与他人一起建设性地工作的倾向是具有说服力的基本要素。

合作带来自我说服

合作不是一种让人们相信你的立场的技巧，而是促使他们说服自己的技巧。这是一种诱导他人进行研究人员所说的"自我说服"的方法。

根据心理学家埃利奥特·阿伦森的说法，有了自我说服，"没有人会直接尝试说服任何人支持任何事。相反，人们发现，说服自己相信某件具体的事是非常有效的"。[2]正如阿伦森所指出的，自我说服之所以特别有效，是因为"人们深信改变的动力源自内心"。[3]这并不像听上去那么不可思议。在很多情况下，我们通常会先采取行动，事后再改变我们的信念和态度，以使其符合我们的行动。

这是社会心理学家莫顿·多伊奇在其20世纪50年代的研究工作中获得的发现。多伊奇和他的研究伙伴玛丽·柯林斯打算研究公共住房项目中不同种族之间的社会动态。他们研究了两种不同的项目，项目中的白人和黑人居民的数量相等。在其中一种项目中，两个种族被隔离，黑人和白人住在不同的建筑里。而另一种项目实行种族融合，两个种族的人共同住在一栋楼里。

这些不同的居住安排为多伊奇和柯林斯提供了一个完美的机会，来检验种族融合如何影响当时占主导地位的偏见和刻板印象。鼓励这两个群体相互融合，最终可能会加剧种族矛盾，促使白人居民加倍强化他们根深蒂固的敌意，但也可能修补那段时间美国人民生活的裂痕。那么，结果会是哪一种呢？

他们的发现相当惊人。仅仅是让不同种族的人聚在一起，最终却改变了他们对彼此的感觉。但是，只有在这两组人的行为方式发生改变之后，他们的想法才会改变。正如多伊奇后来评论的那样："研究结果表明，行为的改变先于态度的改变：种族融合公共住房项目中的白人妇女往往表现得没有偏见。"[4]和有色人种住在一起，把他们当作邻居，把他们当作社区成员并与其合作，这些行为让该项目中的白人说服自己，他们过去带有偏见的想法是完全错误的。

美国对同性婚姻的态度，是世人记忆中公众舆论的最大转变之一，它的情况也类似。直到2004年，只有31%的美国人认为同性应该被允许结婚。[5]如今，近七成的人支持这一观点。[6]得益于2015年美国联邦最高法院的一项判决，同性婚姻被纳入了美国的法律体系。[7]在10年多一点儿的时间里，这场辩论从毫无希望发展到基本尘埃落定。

美国人在同性婚姻问题上的态度转变在历史上前所未见。是什么导致公众对同性婚姻的看法在如此短的时间内发生了如此剧烈的变化？毕竟，美国人花了几十年时间才改变了对跨种族婚姻的看法。[8]

有些人认为这是因为世代的转变。根据这一理论，随着更年轻、更宽容的人成为一股更大的政治力量，选民对同性婚姻的看法变得更加开放。这是一部分原因，但并不能完全解释这种现象。毕竟，联邦最高法院的法官们都年事已高。事实上，很多人对这个问题的看法相当迅速地转了180度。根据2016年的一项民意调查，20%的美国人表示他们对同性恋的看法在过去几年里已经发生了改变。[9]

换句话说，美国人被说服了。我的猜测是，让大家重新评估自己观点的，并不是措辞讲究的专栏文章，或者C-SPAN电视频道上条理清晰的小组讨论。此类事物很少能激发人的兴奋感或者开拓新的思维方式。原因也不是骄傲游行或者竞选广告，这些通常只是向观念已经改变的人宣传的活动而已。

促使如此多美国人接受同性婚姻的是自我说服。他们开始意识到，男同性恋者和女同性恋者与其他的公民同胞并没有根本上的不同。在某种程度上，这是电视和电影对同性恋描写方式的改变所带来的结果。但在我看来，更重要的是，越来越多的人开始从深层次和个人层面了解性少数群体。20世纪90年代，只有20%多一点儿的美国人表示他们有亲密朋友或家人是同性恋，而到2017年，这一比例超过了70%。[10]

这一转变让我们清楚地认识到，男同性恋者和女同性恋者可能是我们的朋友、我们的邻居、我们的同事、我们的老师、我们的孩子。在"我们对抗他们"的格局中，他们站在"我们"这边。就像多伊奇所研究的种族融合公共住房项目中的白人妇女一样。一旦这一点变得显而易见，大批人就会说服自己，他们之前关于同性婚姻的想法完全是错误的。这就是合作力量的强大之处。

合作不仅可以打破障碍，帮助我们平等地看待彼此，还可以促使我们更有效地改变自己对基本问题而不仅仅是一个论据、口号或营销活动的看法。

百事可乐如何邀请观众登上世界最大舞台

自Mekanism创立以来，利用合作带来的说服方面的益处一直是我们公司广告方法论的核心。这方面最明显的例子来自一次最大胆的营销活动。我们的客户是百事可乐，这个品牌在广告界可谓如雷贯耳。我们的营销活动专为美国文化中最有价值的媒介资产之

——超级碗中场秀而设计。

这个机会是我在与百事公司前首席营销官西蒙·洛登会面后获得的。我当时刚从旧金山总部搬到纽约办事处，做的第一件事就是联系洛登。那时，多亏了我们和埃米纳姆一起为百事旗下 Brisk 牌冰茶做的广告，Mekanism 已经与百事可乐建立了工作联系。我们公司正处于成长期，但在广告公司排名中依然很靠后，以至于我此前从未见过洛登。因此，我决定好好利用我们的会面，让公司有所收获。

在会议开始时，我让洛登说出自己手头正在准备的最大项目和面临的最大问题。他告诉我，百事可乐赞助了这一届超级碗中场秀，但他们还没有完全定好创意，我马上毫不含糊地回答："我们想破解这个难题。"

超级碗广告至今仍然是每家新广告公司的梦想。这是一个品牌能够同时触达上亿观众的少数机会之一。[11] 出于这个原因，购买 30 秒播放时间的平均花费超过 500 万美元，即每秒费用超过 16.7 万美元[12]，几乎是普通美国人一年收入的 3 倍。[13] 但这仅仅是一条简单的 30 秒广告的入门费而已，还不包括制作一条真正伟大的广告来填补这段时间所需的一大笔钱。

观众确实也对看超级碗广告饶有兴趣，而且主要通过传统电视收看超级碗赛事，这样的活动已经不多了。事实上，对许多人来说，中场广告是他们调到超级碗赛事播送频道的主要原因之一。但对广告公司来说，这有利也有弊。超级碗广告"军备竞赛"这么多年来一直在升级，做一些真正有独创性的东西变得越来越难。但这正是我要求尝试这个项目的原因——我知道 Mekanism 的创意团队会想出一些有独创性的东西。

洛登很想看看我们能提供什么想法。几周后，我们做了推广演示。那一年，正处于人气巅峰的碧昂丝担任中场秀的主角。我们的想法是，让观众成为她精心设计的舞台表演的一部分。

正如我们所见，超级碗很少以任何有意义的方式让观众参与进来。它是球员们竞技、中场表演还有广告主推广产品的舞台。观众被视为被动的活动目击者，不发挥任何实际作用。但我们会设计一个活动，要求粉丝们摆一个特定造型进行拍摄，并把照片发布到网上。然后，这些照片将以数字化方式被拼接在一起，制作出一个合成的动态角色，在碧昂丝登台之前，它将作为介绍视频中照片蒙太奇的一部分。

提交照片的人的脸将与杰夫·戈登和德鲁·布里斯等名人的脸一起展示。换句话说，观众将作为碧昂丝的开场嘉宾，参与制作并出演这次中场秀——这是一场规模空前的创意合作。而且，通过把观众变成一个历史性媒体事件的合作者，我们将把他们归拢到百事的团队之中。

（如今再回头看时，我注意到这个创意和"Kiss 军团"使用的技巧有很多相似之处。我在乐队的宣传活动中扮演了重要的角色，这加深了我对乐队的忠诚度。我不再只是 Kiss 乐队的一个狂热支持者，还成为一群与乐队有着独特的个人联系的人当中的一员。）

百事很喜欢这个中场秀介绍的创意，但有一个问题：TBWA Chiat/Day 公司（也是我的老东家之一）是百事公司名义上的广告代理商，它的规模比 Mekanism 大得多，只有在自己接管并制作的情况下，它才会接受这个创意。如果只是把这家卓越的广告公司说成一家比 Mekanism 更知名的公司，那就太过轻描淡写了。它是苹果 1984 年那条广告的幕后功臣——那无疑是史上最著名的超级碗广告，也可以说是史上最好的电视广告。

我还是拒绝了。我向洛登解释道，如果百事想用我们的创意，那么 Mekanism 必须承担从头到尾的制作。这是一场冒险，但我们成功了。百事请 TBWA Chiat/Day 提供替代的营销活动创意，但没有一个能超越我们的创意。最终，在僵持之后，我们拿下了这个项目。

我们有 8 周的时间在世界最大的舞台上制作一场独一无二的活动。到那年 1 月，我们收到了超过 12 万份活动申请。受益于一大批能获得大量社交媒体曝光的"网红"和名人的帮助，百事借助这次群体性病毒式营销活动，获得了高达 55 亿的媒体曝光量。

但这次活动的意义不仅仅关乎页面浏览量、点赞数和推特发帖数。这是一种利用合作的力量将人们纳入百事可乐社群并以此来说服他们的方式。下一次，当成千上万提交过照片的人必须在可口可乐和百事可乐之间做出选择时，他们很有可能会站在百事可乐这一边，因为它给了他们一个机会，让自己的形象在全国性电视节目上出现在史上最红的一位流行明星身旁。

我称之为"参与式营销"。它的目标是让你的受众成为活动的一部分，并创建一个病毒式营销循环，其中不光你向受众进行营销，你的受众也在为你营销。只有把人们当作真正的合作者而非受众,才能实现这种忠诚度。

如何合作

如果合作能为成功的说服奠定基础,那么任何希望培养具有说服力品格的人,都应该采用最伟大的合作者之一——富兰克林的习惯。

请别人帮个小忙:本·富兰克林效应

请别人帮个小忙,是让他们加入你的阵营的一种非常有效的方法。我知道,这似乎与直觉相反。毕竟,如果有人帮了你一个忙,比如开车送你去机场,或者开会时给你留了个座,大多数人都会觉得是自己欠了那个人的情。你欠他一笔人情债,而不是相反。这当然是真的。但在这些情况下,真实情况比我们通常所意识到的复杂得多。

当有人帮了你的忙之后,他就和你建立了合作关系。就在那一刻,他在推进你的某个项目中起了作用。在很多情况下,这种短暂的参与实际上会让他比在不参与的时候更喜欢你。

一旦你去寻找相关案例,你就会发现这个法则无处不在。你可能正在咖啡馆里用笔记本电脑工作,然后请身旁的陌生人在你去洗手间时帮忙看电脑。当你回来后,我敢打赌,和之前相比,那个人此时会更加愿意和你闲聊一番。在辛劳的一天结束后,请新邻居帮你把婴儿车搬上楼，对方也会更加愿意跟你聊上几句。

本杰明·富兰克林就生动地展示了这种令人惊讶的互动。在自传中，富兰克林讲述了他30岁出头时被选为宾夕法尼亚州议会书记员的故事。他当时顺利地得到了这份工作。第二年，当他再次竞选这个职位时，一位反对的州议员发表了一场慷慨激昂的演讲，主张替换富兰克林。最终，富兰克林保住了他的工作，但他并没有执着于把这位不知名的议员当作敌人。

当然，富兰克林出身于工薪阶层家庭，甚至连高中都没毕业，而这个新对手既富有又受过正规教育。可以肯定的是，不久的将来，这个人会在州政府拥有很大的影响力，富兰克林决心争取对方的好感。富兰克林反对"通过对他表达卑躬屈膝的尊重来博取他的好感"，他反其道而行之，请对方帮了自己一个忙。

正如富兰克林所讲述的："听说他的书房里有一本非常稀有且奇特的书，我就写了一封短信给他，表示我想细读一下那本书，请求他借给我读几天。"议员同意了，并且对这个具体的要求印象深刻。一周以后，富兰克林归还了那本书，并留下另一封短信，表达了他最深切的谢意。

当两人再次见面时，这位议员开始和富兰克林说话了——他以前从没这么做过。从那时起，富兰克林曾经的敌人就迫不及待地想为他提供帮助。两人最终成为密友，直到那位议员去世。

富兰克林将这一策略归因于他曾经听到的一句"老格言"（尽管我敢肯定这句话出自他本人之口）："那些帮助过你的人，会比你自己帮助过的人更加愿意再次帮助你。"[14] 今天，这个定律被称为"本·富兰克林效应"。通过简单地向对方借一本书，富兰克林把对手变成了合作者。这位曾经公开反对富兰克林的议员发现，他自己也为富兰克林的幸福出了力——他们在同一个阵营里。

在这段趣事发生后的近三个世纪里，许多研究表明，富兰克林确实很有见地。2015年发表在《社会心理学杂志》上的一项研究发现，如果陌生人向一名实验参与者请求帮助，那么参与者最终会更加喜欢这个陌生人，也会觉得与这个陌生人变得更加亲近了。有趣的是，如果参与者在没有接到请求的情况下主动帮助了陌生人，那么同样的效应就不会发生。[15]

你不应该羞于请求别人帮个小忙。如果手机在工作时没电了，不要问和你关系亲密的同事借充电器，试着去问你还不认识的新员工。或者更好的是，像富兰克林一样，你可以针对一个有争议的职场决定，向一个最近与你发生过争执的人问询。

我知道这听起来很奇怪，比如说，把开会时借给别人一本笔记本也当作一种合作。但事实就是如此。不要把这些小事看作麻烦事，而要把它们当作与新朋友建立联系、让他们加入你的阵营的机会。

征求别人的建议

征求建议也能带来类似的好处，仔细想想，它其实就是请求帮忙的一种特殊情况。这又一次违背了我们的直觉。我们倾向于认为征求建议是软弱或者没把握的表现，但这种看法是错误的。当你向别人征求建议时，你就是在请求他们为对你重要的事情做出贡献。

你让他们参与到你的项目中来，并邀请他们短暂地考虑你的利益。一旦他们分享了自己的想法，他们就会成为你的合作者。

为了寻找这种倾向的证据，加州大学圣迭戈分校的研究人员做了一项研究。该研究的参与者阅读了一份关于一家虚构餐馆的文字说明，并被要求以不同的方式评价这家餐馆。一些人被问及他们的看法，另一些人则被问及他们的期许，还有一些人被问及他们的建议。最后结果显示，那些提供建议的人最有可能想去这家餐馆吃饭。[16]

正如研究人员所解释的那样："征求建议往往会产生一种亲近效应，让个人感觉更加亲近这个组织，从而会增强随后的交易倾向以及与该组织接触的倾向。"[17] 询问别人的期许所产生的效应则恰恰相反。

当情况需要的时候，主动征求建议是让人们站在你这边的一种有效方法。无论你征求建议的对象是你的配偶、一位教授、办公室里的一名实习生还是你的上司，都是如此。当你发现自己在努力做一个可以让外人提供想法的决定时，征求建议既能让你的选择变得更加容易，也能让你得到建议者的青睐。这样做显示了你的脆弱，而且建立了一种联系。

给予真诚的鼓励

好的合作者是那种人们想要与其讨论新的想法，或者向其大致介绍某项正在进行中的工作的人。当有人带着一个新方案或商业战略，或者只是一个初步的想法来敲我的门时，我想要确保结束谈话时他们能感到鼓舞，即使我并不喜欢他们所讨论的内容。最重要的是，我想在不隐瞒对他们想法的真实判断的情况下做到这一点。

这个过程从真诚地感谢这个人第一时间就来找你开始。成为某个人的参谋是一种特权，在创意产业中尤为如此。广告是一门有关创意的生意。如果有人愿意提出一个自己尚不确定的创意，不惜因此展示自己脆弱的一面，那么我要确保他知道，他来找我是我的荣幸。

当然，你提供的反馈同样关键。如果你确实喜欢对方征求建议的那个创意，那么鼓励对方是件很容易的事——这是最好的情况。在这种情况下，你要表现出真正的热情。然而，同样重要的是，你要具体说明你喜欢这个创意的哪一部分，指出可能改进的地方，甚至提出你关于如何继续推进的想法。你要传达给对方的总体信息是"你的方向是对的"。

如果对方征求建议的那个创意完全行不通，或者还没有到可以落地的时候，事情就比较棘手了。在这种情况下，我通常会问，到底为什么对方认为自己的创意是可行的。如果你认为这个创意从头到尾都没有用，那么假装乐观只会让你显得屈尊俯就。如果它确实不好，那就坦率地说出来。有时候，我们的创意就是很糟。但在通常情况下，即使是最糟糕的创意，也有值得称赞的地方。

当有人告诉你他的创意时，他其实就是在邀请你成为合作者——如果你的目标是具有说服力，那么这个机会绝对不能浪费。

跳出竖井思考

我们在 Mekanism 强调的另一个观点是，伟大的贡献可能来自任何人，不管他们的工作职责、级别或背景如何。卓越的合作者更关心的是做好工作、创造有价值的东西，而不是这些区别。

20 世纪 60 年代前，广告公司一直煞费苦心地将人才划分到不同的部门：写手负责写作，设计师负责形象，诸如此类。每个部门都有一个狭窄的定位，就像一座工业厂房一样。创造性的合作不仅不被鼓励，还被故意隔离。在许多公司，文案专家和图像专家实际上在不同的楼层工作，很少见面。让具有不同技能的能力卓越的人互相交流和合作，可能会产生一些奇妙的成果，这种想法当时还未占据主流。

随后，在 20 世纪 50 年代末 60 年代初，恒美广告公司开始将写手和设计师组成两人团队。这个看似微小的改变，却发掘了某种特别的东西——它带来的颠覆性的、富有智慧的广告作品，改写了这个行业的规则。这方面最著名的例子是恒美广告公司为大众汽车做的一系列广告，其中包括一则著名的整版广告，画面上是一个大众甲壳虫汽车的小小图像，下方有一行字："想想小的好处。"[18]

Mekanism 通过采用一个流程进一步拓展了这个理念，该流程由公司的创意领袖开发，旨在打破组织内部的障碍。我们的很多工作通常从一次讨论开始。这么一来，我们的方法更像是喜剧节目编剧室而非广告公司的策略——十几个人被关在一个房间里，一起进行头脑风暴好几个小时。Mekanism 的创意领袖发现这种方法能促成最好的工作效果。

这样做的原因很简单：我们擅长创造的东西之一是数字内容和品牌娱乐，也就是那种适合共享社交经历的东西。事实证明，文案策划室里那种吵闹、协作的氛围（其本身就是某种社交经历）非常适合激发这类创意。在这个过程中几乎没有涉及自我意识。事实上，经过一场特别富有成效的头脑风暴，谁提供了什么创意都不重要了，整个房间里的人都是创造者。

公司里任何一个人都可以自由地发表意见——说真的，任何一个人。如果一名助理、一名会计、一名程序员或一名实习生有一个很牛的创意，那么我们不仅欢迎他分享，更对其充满期待。我最喜欢的一个体现这种合作精神的例子有关 Mekanism 的 logo。你可能会想，因为我们是一家创意广告公司，那么公司的标志性形象，也就是出现在我们每张名片、每个网页、每封电子邮件和每件连帽衫上的东西，肯定是涉及小组讨论和字体专家参与的某个科学过程的成果。事实上，它出自我们公司当时的一名无薪实习生之手，他叫理查德·克罗勒维茨。

13 年前，在理查德还是实习生的时候，他的办公桌就紧挨着大门。由于 Mekanism 的办公室当时没有贴 logo，理查德花了很多时间去为那些敲错门的人开门，或者去给一个找不到我们办公室的 UPS（美国联合包裹运送服务公司）快递车司机带路。最后，他厌倦了这种麻烦事，决定做点儿什么。他画了一个简单的标志，上面用大写字母写着 "Mekanism"，类似于超级英雄漫画封面上的标题。

在确定公司的 logo 时，Mekanism 实际上雇用了一家品牌公司，他们给出了几十种不同的选择。但设计团队实在是太喜欢理查德设计的标志了，所以也把它加入了评选。在品牌公司设计的所有可选的 logo 中，没有一个赢过了理查德即兴发挥所画的门牌标志。它出自一个实习生之手，这并不重要——说到这个，它完全是出于需要而草草拼凑起来的。但它是最好的，它很简单、很直观，所以我们选用了它。在这个过程中，公司向一名实习生表明，他是团队中不可或缺的一分子。在一个创意人员不断在不同机构之间流动的行业中，理查德至今仍坚守在我们 Mekanism，这并非巧合。

要成为一个天生的合作者，往往需要看透那些阻止人们联合起来、携手创造伟大事业的分离规范。

小结

人类有一种自然的倾向，那就是用"我们对抗他们"的框架去看待这个世界。这可能是说服别人的最大障碍之一，但也可能成为说服高手的一个主要优势。这是因为，在很多情况下，我们往往倾向于喜欢和认同我们在某种意义上认为属于自己阵营的那些人，把他们当作我们的队友。

通过培养一个良好合作者所具备的技能，习惯性地寻找机会让他人参与到你的项目中来，在时机到来的时候，你将会更好地掌控局面。

以下是四种特别有用的合作技巧：

1. 请别人帮个小忙
2. 征求别人的建议
3. 给予真诚的鼓励
4. 跳出竖井思考

当然,成为一个更熟练的合作者本身就是一件值得做的事情。它能带来更有意义的人际关系,并释放原本难得的创造潜力。有一种个人品格能把人们吸引过来,并帮助他们看到你们本质上的相似性,而合作就是这种品格的强大组成部分。

不管你想要说服你的另一半、你的老板还是你的邻居,如果对方已经把你当成一个合作者,那么你的影响力自然会大得多。这是至关重要的。

第九章

共同点

嘻哈给了一代人一个共同点,它不需要任何一个种族失去任何东西——每个人都有所收获。

——说唱歌手 Jay-Z

我们花了很多时间去关注美国所有人的不同之处。美国人的全国性大讨论似乎基于这样一种假设，即大家属于完全不同的群体，无论是受过大学教育的城市居民、第一代移民，还是所有人最喜欢讨论的主题——千禧一代，都是如此。

我花了很多时间研究那些将人们精确地划分为这些类别的市场数据。有时这些分组是有用的，但同时，用这些术语思考会让我们忽视一个非常明显的事实：人类其实有惊人的相似性，我们之间的差异比我们想象的小得多。

不妨这样想：我们每个人与地球上的其他人都共享99.9%的DNA（脱氧核糖核酸）。[1]从遗传学的角度来看，我们几乎是完全相同的。然而，我们花费了大量的时间和精力，去关注让我们与众不同的0.1%的DNA。

在人类历史的进程中，这么大规模的一群人在这么长时间里达成了如此高度的共识，这是非常罕见的，更不用说所有人都想在一个安全的国度中生活、工作、上学、做生意、养家。

我们共同的人性很容易被忽视，这主要是因为我们真的很擅长分裂这个世界。但是，如果你想要培养具有说服力的品格，你就必须习惯性地专注于那些把我们每个人团结起来的东西，而不是去关注让我们彼此分裂的东西，这一点至关重要。

要想变得平易近人，让人信赖，能够平等地与每个人交谈，不管他们的背景、社会地位、财富、年龄、性别或其他任何因素如何，这样的品格必不可少。当你自然而然地将他人视作自己阵营中的一员时，对方会有所感觉，也会愿意把你当作自己人。

打破藩篱的好处

我和任何人谈话都很自在。跟守时不一样，这是我从小就有的能力。

我父亲喜欢讲，在我 8 岁那年的一个晚上，他和我母亲正在家中准备晚餐。父亲喊住在楼上的我和妹妹下来吃饭——每晚都是如此。我的妹妹斯泰茜像往常一样，径直朝楼下走。但我"失踪"了。父母都很生气。又叫了几次我的名字后，父亲走上楼，让我下楼吃饭。就在那时，他意识到我不在房间里，我甚至都不在家里。

当他跑出去查看后院时，他听到我的声音从我们家隔壁的院子里传来。他隔着篱笆看了一眼，发现我在隔壁的后门廊里，正在和我们的邻居吉尔——他当时已经三十好几了——谈论足球。吉尔和我已经聊了好一阵了。当我看见父亲时，我冷淡地说："嗨，爸爸。你在找我吗？抱歉，我刚和吉尔聊了聊今年纽约喷气机队的糟糕表现。"

具体细节我已经不记得了，但我记得父亲对一个 8 岁的孩子和一个成年人进行深入的交谈感到有点儿困惑。当时我并不觉得奇怪，我没有注意到年龄的差异。我不认为吉尔是一个长者，吉尔也没有把我当孩子看待，我们平等相待。我们关注的是彼此的共同点，而不是那些分隔我们的东西，比如他大我 30 岁这件事。这不是一个惊天动地的故事，但它证明，当我们把差异放在一边，专注于彼此共同的爱好时，神奇的事情就会发生。

只要看看过去 40 多年嘻哈音乐的发展就知道了。这种艺术形式始于 20 世纪 70 年代的南布朗克斯区，当时音乐人 DJ Kool Herc 经常在他位于塞奇威克大道的公寓娱乐室里举办的派对上播放各类唱片。[2] 这种风格被其他本地 DJ 模仿，比如 Jazzy Jay 和 Grandmaster Flash。在短短几年内，一种结合了独立打击乐、说唱和其他元素（比如霹雳舞）的音乐类型——嘻哈音乐，在美国成为一种独特的非裔美国人文化。

其他种族的艺术家很快就接受了嘻哈音乐，并且往其中加入了带有自己风格的音乐元素。在 20 世纪 80 年代中期，一群来自纽约的犹太男孩——野兽男孩乐队——在皇后区黑人企业家拉塞尔·西蒙斯和长岛白人小伙里克·鲁宾等制作人的帮助下，将嘻哈和朋克摇滚元素结合起来。[3] 所有的郊区孩子都能背诵他们的每一句歌词:"你妈妈闯进来问:'那是什么声音?'/哦,妈妈,你只是嫉妒,那是野兽男孩。"在同一时期,嘻哈音乐史上最著名的乐队之一 Run-DMC 与经典蓝调硬摇滚乐队空中铁匠(又称史密斯飞船)进行了合作。[4]

嘻哈音乐不仅超越了美国的种族藩篱,还迅速走向全球。如今,从法国到俄罗斯,从韩国到斯里兰卡,到处都可以见到这种艺术形式。[5] 就像说唱歌手 Jay-Z 说的那样,这是"一个共同点,它不需要任何一个种族失去任何东西——每个人都有所收获"。[6] 如果来自不同背景、种族和国家的人没有越过他们之间的差异,没有发现彼此文化中那些被所有人共享和欣赏的因素,这一切就不可能发生。最初发轫于南布朗克斯区一间公寓的艺术形式,现在已经成为最受欢迎的音乐流派。

并不是每个人都能自如地与他们认为和自己截然不同的人相处。很多人在职场和高层说话时,或者与来自不同国家或不同文化的人交谈时,会遇到困难;有的人很难与不是密友的人进行深入的交谈。如果和你谈话的人从一开始就能感觉到你很难平等地看待他们,那么你就不会对他们产生太大的影响。

当然,有些做法对你来说自然而然,但你必须在其他方面努力提高。我一直都有一种能和任何人交谈的本领,但我必须非常努力地学习讲故事,还要继续努力让自己"处在当下"。做这些事情对我来说一点儿都不容易。

要想变得更加平易近人,更善于与更多不同的人沟通,首先要接受一种强调人类共性的世界观,并始终如一地坚持这种世界观。

这意味着要认识到：在最重要的事情上，我们所有人几乎都是一样的。

社会认同

在某种程度上，具有说服力与你所面对的人是否把你当作自己人有很大的关系。换句话说，这取决于你和你的受众是否具有心理学家所说的"社会认同"——由一个人所属群体定义的他的自我形象的一部分。

造成这种情况的原因有很多。正如亚利桑那大学的传播学研究者尼克·乔伊斯和杰克·哈伍德所指出的那样："那些和我们共享重要社会认同的人，更有可能持有和我们一样的观点，而且更有可能知道对我们有用的事情。"最重要的是，他们注意到："如果你和我构成了'我们'，这就意味着我们有共同的利益，它减少了你向我提供不可靠信息或虚假信息的可能性。出于这些原因……共享的社会认同与说服力直接相关。"[7]

幸运的是，我们只要用心寻找，就能找到无数种共享社会认同的途径。根据不同的背景，共享的社会认同可以基于任何事物，从共同的语言或共同的爱好，到相同的年龄或共同的家乡，无一不可。强调共性的世界观更有可能在我们与他人的互动中把这些共有的个人特质展现出来。

这正是我在早熟的 8 岁和邻居交谈时所发生的事情。我不是以一个流着鼻涕的孩子的身份,而是以一个体育迷的身份和他接触,至少在那次对话中,他是这样看待我的。他并没有主动停止把我当作一个孩子看待,但是我身份中的那一部分渐渐淡化了(直到我因为错过了晚餐而被父亲训斥)。

有一个证明了这一相互作用的著名故事——第一次世界大战中一个被称为"平安夜"或"圣诞节休战"的事件。如果你在电影或书中看到它,你会认为它完全是虚构的。但它真的发生了,它是真实的,这一事实揭示了我们人性中共有的某种强大的东西。

1914年冬,在经历了四个月的堑壕战后,法国、比利时、英国的军队及其在西线的德国敌军停战一天,改为一起庆祝圣诞节。一些版本的故事称,这一非凡事件实际上始于圣诞节前夜,当时一方听到另一方在唱圣诞颂歌。一名英国士兵后来回忆道:

> 德国人会唱一首他们的颂歌,然后我们也会唱一首我们的颂歌,直到我们开始唱《来啊,你们这些忠实的人》("O Come, All Ye Faithful"),德国人立刻也跟着唱起了这首颂歌的拉丁文版《真诚来临》("Adeste Fideles")。我想,这真是一件不同寻常的事——两个正在交战的国家的士兵竟然唱起了同一首歌。[8]

第二天,也就是圣诞节上午的某一时刻,两方士兵鼓足勇气做了一件不可思议的事情:爬出战壕,向敌方士兵致意,并祝他们圣诞节快乐。没过多久,他们就开始聊天,甚至交换礼物,互相帮忙埋葬死者；有人说，他们还一起踢自制的足球玩。[9]

请记住，这是人类历史上最残酷的战争之一。在短暂的圣诞节休战后不久，这些人又一次竭尽全力厮杀，这场战争最终夺去了2 000万人的生命，并导致2 100万军事人员和平民受伤①。[10]但即使在这个极端情况下，像圣诞颂歌一样简单的东西依然足以让这些士兵在一段时间内转变他们的看法，不再把对方当作不共戴天的敌人，而是看作更愿意在家庆祝节日而不愿在战壕里为生命而战的人类同胞。如果这样的事情能在一场世界大战最激烈的时候发生，它自然也能在我们的日常交往中出现。

当然，接受一个共性优先的世界观并不容易。正如纽约州立大学新帕尔兹分校的社会学家彼得·考夫曼所写的那样，其中一个原因在于"经过社会化，我们更多关注彼此的差异，而非彼此的共性"。但他指出，人们之间的差异主要是由社会构建的。[11]

考夫曼一直在努力改变这一现状，他邀请学生们参与共性项目。几年前，他带着一群大学生去见一群三年级学生。大多数人都不认为这两个群体会有很多共同点。想想看，你从8岁到20岁发生了多大的变化。对于很多人来说，这是他们改变最多的12年，因为他们从儿童期到了成年期。

然而，当他把这两组人放在一起，让他们列出共有特征时，他们能在不到一个小时之内找出40多个共同点。[12]这些共同点包括"我们都有大脑""我们都喜欢玩游戏""我们都会感到悲伤""我们

---

① 一说死伤共3 000多万人。——编者注

都需要爱"。

人们很容易将这些共性视为表面现象。但实际上，它们远比我们通常关注的差异更为根本，比如我们在哪里出生，我们喜欢什么样的音乐，或者我们支持什么样的职业运动队。正如考夫曼所写的："这些差异并非内在的、自然的或本质的。我们人类定义了它们，创造了它们，强调了它们，最终为了它们而彼此争斗或互相折磨。"我们的共同点则在很大程度上决定了我们是什么样的人。[13]

正如我们学会了用差异来定义自己一样，我们也能学会看到彼此的共同之处——只要我们选择这样做就行。

一美元剃须俱乐部如何用共同点击垮行业巨头

关注共性可以成为一种强大的说服工具，为了理解这一点，我们可以看看近年来我最喜欢的成功营销案例之一——电子商务巨头一美元剃须俱乐部的崛起。迈克尔·杜宾于2012年创建了这家公司，提供在线订购服务，每月向客户提供低成本的剃须刀片。从那以后，它发展成为一个非常成功的品牌，并被联合利华以10亿美元的价格收购。[14]

在创办公司之前，杜宾在剃须刀行业毫无经验。让他走上这条路的是他在21世纪初的一个领悟。作为一名刚从大学毕业的NBC（美国全国广播公司）培训生，杜宾每次去洛克菲勒中心的杜安里德（Duane Reade）药妆店购买吉列锋速 3 剃须刀片时，心里都充满不满。他回忆道："即使我的剃须刀片都用完了，我也不想去商店买，因为那是一种十分令人沮丧的、尴尬的经历。"只要走进本地的一家连锁药妆店，你就很容易理解这种感觉。剃须刀片的价格贵得离谱，一包四片装刀片的价格可能超过 20 美元。

这些刀片之所以这么贵，其实只有一个原因。直到不久前，宝洁公司旗下的吉列剃须刀都几乎垄断了整个美国的剃须刀市场。和任何一个优秀的垄断联盟一样，该公司一直把价格维持在高位，因为它有这个能力。如果你不喜欢这一点，欢迎加入留胡子的队伍（在布鲁克林就有很多人留了胡子）。

当然，宝洁公司试图用其研发和专利技术来证明吉列过高的价格是合理的。它的广告似乎在暗示，拥有振动手柄和多层刀片的吉列最新款剃须刀是现代工程学的顶峰。它的大多数电视广告都以三维动画为特色，这些动画似乎揭示了最新款高价一次性刀片背后的科学原理——每一款刀片都承诺比上一款刮得更加干净。通常，一个声音听起来很有男人味的旁白员会读一段关于六层刀片剃须刀多么具有革命性的广告文案。

罗杰·费德勒出演的吉列广告尤其令人费解。在其中一则广告中，这位网球明星在上场前剃胡须，上身赤裸。画外音解释道，"在比赛日，你不会让任何碰运气的事情发生"，然后开始推销"限量版"吉列锋隐致顺剃须刀。你懂的，这款适合剃须刀收藏家。

直到 2010 年，杜宾才开始意识到，这些产品的高成本并非生活中不可改变的事实。在一次节日聚会上，他和朋友未婚妻的父亲马克·莱文聊了起来。不知怎的，他们聊到了剃须的话题，两个人对购买一包剃须刀片的高昂花费深有同感。碰巧的是，几年前，莱文弄到了一个仓库，里面装满了过剩的双层剃须刀片。他最初的计划是将它们卖给药妆店，但没有成功。杜宾立马发现了一个机会，能够解决大多数男人认为理所当然的日常问题。

杜宾致力于打造一个专注于所有男性共同体验的品牌。他没有把消费者当作事后考虑的对象，而是把他们视为公司使命的首要相关方。他没有把剃须刀描绘成由绝密实验室设计的"高科技奇迹"，而是把它们塑造成人人都熟知的东西——一件不应该花费过多的基本必需品。他不会把它们锁在某家冷清的、灯光昏暗的药妆店中的某个箱子里；每个月，他都会通过订购的方式将它们送到客户家门口，客户根本就不需要去操心。他的公司会利用一切机会与客户建立私人关系，而不是像一家毫无个性的大公司那样行事。

为了向全世界介绍他的品牌，他在优兔上发布了一段视频，它至今仍被视为最伟大的病毒式营销作品之一。视频一开始，杜宾直视镜头，介绍了自己。"我是迈克尔，一美元剃须俱乐部网站的创始人。"他说，"一美元剃须俱乐部是什么？嗯，每个月只需一美元，我们就会把高质量的剃须刀片送到你家门口。没错！只要一美元！刀片好用吗？何止好用，我们的刀片棒极了！"

别的不说，这则广告非常搞笑。就像许多精彩的喜剧一样，这段视频建立在一个简单的、日常的事实之上——这里的事实指的是剃须刀片的价格远高于其价值。正如杜宾向我解释的那样："我们所做的是给人们提供一种社交资本，让他们与朋友一起分享所有人都在谈论的这个令人沮丧的事实。"

但最重要的是,这个网站打破了卖家和买家之间的壁垒,将客户视为与杜宾本人并无不同的一群人。正如他在视频中所说的:"你喜欢每个月花 20 美元买名牌剃须刀片吗?其中 19 美元都给了费德勒。"他的暗示明确而有力:罗杰·费德勒是一个无与伦比的、像神一样被崇拜的运动员,他可能从来没去过任何一家 CVS[①] 药店。迈克尔·杜宾却和你我没什么不同,他愿意明确地指出多年来一直都存在的日常真相。

直接与客户进行个人层面的对话,这种不可思议的能力让一美元剃须俱乐部对其企业竞争对手构成了严重威胁。宝洁公司推出了自己的订购服务——吉列剃须俱乐部,套用了一美元剃须俱乐部的名字,试图从杜宾的成功中分一杯羹,这并非巧合。

正是因为一美元剃须俱乐部,杜宾成功地在这个几年前还被宝洁几乎完全垄断的市场上,与全球最大的、实力最强的公司之一一较高下。他之所以能够成功,是因为他把客户放在眼里,并且表明了他和客户之间的共性。

控制内克尔立方体

从强调人们之间的差异到强调人们之间的共性,这有点儿像人

---

① CVS 是美国最大的药品零售商。——译者注

们上学时在笔记本上乱画的二维内克尔立方体[1]。

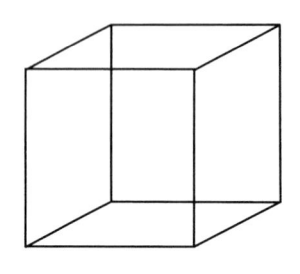

从一个角度看，左下角的正方形是立方体最靠前的一个面。然而，换个角度看，它就是立方体的背面。两者都是解读这个图像的有效方法，但你不可能同时看到两种情况。更重要的是，一旦你意识到有两种解读图像的方式，你就可以随意地在两个视角之间切换。这张图一点儿也没变——早在你购买这本书之前，它就印在书页上了；改变的是你对眼前事物的理解。

你看待他人的方式也是如此。你可以将他们视为一个不同于你的属性和特质的集合体——他们有不同的性别，说不同的语言，从事不同的工作，等等。你也可以将他们视为与你共享特质的集合体——在某些情况下，可以视为人类普遍特征（"我们都需要爱"）的集合体。与内克尔立方体的例子一样，一旦你认识到这一事实，在两个视角之间切换就会变得容易得多。

---

[1] 内克尔立方体，一种显示有 12 条边的透明立方体的线条图，它是瑞士晶体学家路易·内克尔于 1832 年发布的一幅视错觉图，既可理解为俯视图，也可理解为仰视图，我们对图像的解读就在这两种状态间摇摆。——译者注

它变成了一种你完全掌控的能力。

在内克尔立方体的例子中，第一次看到它时，你可能会自然地倾向于这两个选项中的某一个（左边的正方形在正面或者在背面）。只有在思考之后，你才能转换到另一个视角。我们对他人的看法也是如此。对一些人来说，他们对他人的第一印象来自"差异"的角度，尽管他们稍微努力就能转换到"共性"的角度。理想情况下，你的目标应该是扭转这种趋势，那么你对别人的第一印象就会把双方的共同点放在最前面，你们的差异只有在你真正寻找时才会显现。

举例来说，这能很好地克服与被你视作上级的人开展对话时可能产生的焦虑。在和一个相貌不错、吸引我们的人交谈时，或者面试一份自己真心想要的工作时，我们都会感到紧张。这让我们难为情，也许还有点儿结巴。不用说，当你结结巴巴地说话时，你很难具有说服力。如果一个人善于把别人看作和自己并无差异的人，他就不太可能紧张得出汗。

同样，习惯性地强调共性，可以帮助你的谈话对象消除谈话过程中可能出现的焦虑。以我为例，如果有人对走进我的办公室感到紧张，那么这种焦虑不会持续太久，因为他们很快就能感觉到我把他们视为平等的人，而且与我交谈和与坐在他们身旁的同事交谈并没什么不同。

那种让人放松、让人容易敞开心扉的性格，总是会增加你们找到共同点的机会。这种以共性为基础的观念，也有助于将对话引向你和对方共有的主题、价值观、经历和其他个人细节，通常不需要你努力就能做到。这样一来，无论和谁交谈，你都会发现你们站在同一边。

如何找到共同点

选择强调共性

接受基于共性的观念的第一步，在于选择把人们看作与你大体相似的人。记住，虽然你可以随意地在内克尔立方体的不同版本之间切换，但只有在你决定这样做的情况下，你才能完成切换。我们看待他人的方式也是如此。如果你平时倾向于看到差异，那就下决心与这种倾向做斗争。

你可能在孩子的学校里与另一位家长产生了分歧，并认为"那个人根本不知道自己在说些什么"。或者同事对你正在做的项目持有不同看法，而你的反应是"那个女人完全理解错了"。我们本能地认为争论的另一方是与我们互相分离的，并且将其视作"那个人"或"那些人"。我们这么做完全不假思索。

摆脱这种看法，有点儿像试图忘记你经常犯的语法错误。敏锐地识别出你采用了这种基于差异的观念的那些时刻，并切换观察内克尔立方体的视角。

练习观察共同特征

要想更好地看到共性而非差异，你需要多加练习。有一个简单的方法，那就是从共性项目中偷师，然后像彼得·考夫曼让那些大学生和三年级学生所做的那样去行动。

从想一个生活中与你截然不同的人开始，可以是你的堂兄、学校里的某个人、你的嫂子、你的牙医——任何一个人都行，只要是一个你认为明显不像你的人就好。然后，在脑海中列出你们所有的共同点。如果仔细观察，你通常就会惊讶地发现，你和那个人之间有那么多你以前从未注意到的共同点。你们可能都有自己喜欢的工作，或者你们最喜欢的城市都是柏林。我敢打赌，下次你再看到这个人的时候，这些共同特征对你来说会更加明显。

我在一生中的大部分时间都认为，我和父亲的兴趣截然不同。因此，我们失去了很多在一起的宝贵时间。但我本来也完全可以去关注我们的共同点。比如，他也是一个超级音乐迷。事实上，作为退休计划之一，他最近写了一本关于20世纪20年代爵士音乐家的小说（这意味着我们也都是作家——又一个共同点）。

一旦你开始积极地看待与你不同的人，你就会发现他们和你有很多共同点，它们其实一直显而易见。经常这样做，并观察足够多的对象，这种思维模式就会变得越来越深刻，直到观察共性变成你的第二天性。

识别一致点

在说服的互动中，共同点是宝贵的。事实上，共同的信念应当是最重要的。如果你眼看着一场讨论走向了争执，那么强调共性便是对抗自身惯性的好方法，这同时也为说服奠定了基础。

关注这些一致点，并优先考虑它们，这样一来你不仅在改变自己的观点，还在清楚地告诉对方：在大多数方面，你们对需要做什么达成了共识——只是在细节上讨价还价而已。那么，这场对话便不再是一场赢者通吃的竞赛了，而是一场关于如何达成你们双方都认为有价值的目标的对话。这样你便能很好地影响对方对这个问题的看法。

小结

人类的共性远远多于差异——我们只是经常忘记这一点而已。

强调共性的观念可以让你找到自己和谈话对象的共同点，并且让对方感觉你已经和他们站在了同一边。善于发现共性而非差异的人也更容易让背景、经历、年龄和资历不同的人产生共鸣。

只要你愿意付出努力，采用一个基于共性的视角便非常简单。这个过程从这些技巧开始：

1. 选择强调共性
2. 练习观察共同特征
3. 识别一致点

如果你的默认立场是认为他人或多或少和你一样，这就有助于把人们吸引到你这一边。

毕竟，我们之间只有 0.1% 的差异。

总结
原则三：同理心

触及灵魂的说服通常涉及与和你意见不同的人打交道。为了有效地进行说服，你需要能够从不同的角度去评估情况，并理解为什么人们会持有与你不同的观点。你需要具备同理心。

以下三个基本习惯可以帮助你养成富有同理心的品格，这会对你的说服有所帮助。

以对方为中心

真正有同理心的人对周围的人有一种天然的好奇心。他们会针对与谈话对象相关且有意义的话题发起深刻的对话。他们寻求和获取关于不同文化和生活方式的知识，以便更深入地了解他人。他们善于倾听和学习，而不轻易做出判断。因此，一旦到了施加影响的时候，他们便能充分利用对他人世界观的丰富且精确的理解。

寻求合作

富有同理心的人渴望与他人合作，以实现共同的目标，无论是在职场中、在社区里、在家庭内，还是在朋友圈子里，都是如此。他们发现与来自不同背景和专业领域的人合作很有价值。因此，对方更有可能将他们视为自己人——在改变想法的时候，这种认知可能比其他任何观念都更重要。

看到共性，而非差异

最后，我所描述的这种同理心需要一种强调我们共同属性的思维模式。人与人之间的共性比差异多得多。当我们过多地强调彼此不同的种族、性别、财富和教育水平或者亲和团体时，我们就会失去共同点，在人与人之间制造隔阂，让说服变得充满挑战性。

平等地对待每一个人，这会让你更加平易近人，让你几乎可以和任何人交谈。这也会鼓励别人回报你，更加有利于你说服别人。

理解对方，对方就会理解你。

原则四

触及灵魂

我们平时总是关注金钱、快乐、地位和身份，而触及灵魂指的是对比这些日常关注点更基础的事物抱有的一种深刻的情感共鸣。

触及灵魂是对个人价值观和原则的承诺。

我努力让自己的付出更触及灵魂，即更真诚地对待永恒而普遍的事物，这是我职业生涯中的一个重要议题。Mekanism 以发展"讲故事的灵魂与科学"为傲。我们讲的故事不仅体现了高水平的技术能力，也展示了我们对所有人最关心的核心问题的情感敏感性。

如果激励你不断向前的是比实际的、眼前的东西更加高尚的事物，那么影响力就会传播开来。

第十章

技能训练的重要性

没有发动机也能飞翔,但没有知识和技能则不行。

——威尔伯·莱特

最具力量的说服力来自那些拥有良好品格的人。当你付出了努力培养某些个人特质和技能时，人们会注意到的。

我在前文中讨论过的一些习惯和性情，包括懂得表达尊重、积极性和慷慨，大多与你和他人的互动有关。但你的品格不仅体现在你与社交世界的交往之中，也体现在你的工作方法和兴趣之中。

我这里所说的"工作"，不仅仅是人们付钱让你做的事情，尽管它们确实是工作的一部分。我指的是更加宽泛的东西：你给自己设定的任何任务或计划，不论其背景如何。这包括做饭、计划一次旅行、学习一种乐器或者在办公室完成一项任务等各种事情。

你的烹饪技巧或者你的小提琴技巧与说服力有什么关系？如果说服力与品格相关，而你与工作的关系是了解你品格的窗口，那么两者之间的关联确实不少。这不难看出。在大多数事情上习惯性地偷工减料、满足于"差不多"的人，永远不会有很大的影响力。事实上，"谁在乎他怎么想"是人们对这种人的普遍反应。

想一想职业运动员、明星大厨、音乐家或者其他精英吧，那些拥有高超技能的人。这些人不只会施加影响，他们在远远超出自己专业范畴的领域也举足轻重。如果他们表达某个政治观点，那就可能会带来一条全国性新闻。如果他们推荐一本书，支持一款运动鞋，或者抵制一个品牌，那就足以改变市场。通过展现在某件困难的事情上脱颖而出所需要的专注，他们获得了这种影响力。这就是为什么小罗伯特·唐尼能与英国女王会面。

值得注意的是，这些成就非凡之人的说服力，与我们对他们本人的了解几乎没有关系。我们常常无法判断他们的知识多么渊博，他们的判断多么明智，或者他们多么诚实。相反，他们的影响力来自他们和自身技能的关系。

值得庆幸的是，这种说服力并不要求你成为世界级的技能大师。无论你选择从事什么工作或者做什么项目，它都要求你掌握一个重要的、严谨的、以技能为基础的方法。换句话说，它要求你专注地把事情做好、做对，而不是追求尽可能快、廉价和高效。我把这种方法称为"技能训练"。通过采用重视技能训练的工作理念，同时避免使用廉价的变通方法和单纯依靠生活窍门，你最终会展现那种具有影响力的品格。

高技能人才更具说服力

如果一个人把高水平技能或者对高水平技能的渴望引入了他的

追求，那么高水平技能往往会从各种各样的小细节中体现出来。通常，你不需要成为一名专家就能看出一个人技能水平的高低。比如，甚至在某个人推动滑雪杖往山下滑之前，你就可以通过他在山上的站立方式判断他是不是一个熟练的滑雪者。我对舞蹈了解得不多，但我能看出谁是出色的舞者。我们常说某个人"看起来好像知道自己在做什么"，就是这个意思。出于同样的原因，我们大多数人都能凭直觉判断，一个人是在敷衍了事，或者在胡扯他知道的比实际上更多。

这些对一个人的技能水平和认真态度的评估，也让我们知道他到底是个什么样的人。这就是为什么当我们要求一个人充分发挥他的能力时，我们经常说"让我们看看你的本事"。当我们使用技能与周围的世界打交道时，我们是在袒露自己的灵魂。

此外，认识到某人在某些领域有能力且受过良好的训练，会给他带来一种权威感。习惯于花时间用技能专注做事的人更容易赢得信任，他们的意见对我们来说也更加重要。请名人代言在广告业是一种屡试不爽的技巧，原因之一就在于此。如果勒布朗·詹姆斯、贾斯汀·汀布莱克或泰勒·斯威夫特为某款产品代言，那便是件有分量的事情，可能对公众的行为产生重大影响。这就是为什么我们的 It's On Us 活动也会求助于那些可能会改变大学校园里的人对强奸文化的看法的名人，在他们的帮助下，活动得以顺利启动。这就是为什么百事可乐围绕碧昂丝推出了一场营销活动，也是为什么迈克尔·乔丹在退出篮球生涯 16 年后，依然能带动球鞋的销量。技能永远不会过时。

名人代言的力量是有据可查的。例如，哈佛商学院的安妮塔·埃尔伯斯和巴克莱资本的杰伦·弗伦在 2012 年开展的一项研究发现，运动员代言将品牌销售额平均提高了 4%。如果某个运动员取得了重大成就，那往往会促进他们所代言产品的销售。[1]

为什么会这样？当然，一部分原因在于名人是大众熟悉的面孔。然而，还有一个原因在于，这些人在他们的领域中是出类拔萃的。他们为自己的工作注入了无与伦比的卓越性和技能。事实上，他们对自己的要求非常之高，这为他们的观点增添了分量，也为他人追随他们提供了很好的理由。

大多数处于行业顶端的名人也致力于追求比财务上的成功更伟大的事情。如果你不重视出色地工作这件事本身，那你就永远不会花时间去成为一名优秀的运动员、演员或者厨师。毕竟，还有更加简单、更加安全的致富方式。与某种深邃而永恒的东西的联系，即我所说的"触及灵魂"，具有一种磁性的特质，它对一个人的说服力起着巨大的促进作用。

不妨想想 2023 年的一项调查，它邀请美国民众列出他们认为全美范围内最值得信赖的人。排名第一的是汤姆·汉克斯。仔细想想，这是一个很奇怪的发现。大多数人都没见过汉克斯，可能永远不会见到。除此之外，他们也没有确凿的证据证明他是一个思路清晰的思考者，一个可靠的事实来源，或者甚至一个充满善意的人。

相信汉克斯的人不会把他们对他的信任建立在任何理性的基础上。他们的信任只出于一个原因，那就是汉克斯是一个演技卓绝的演员。[2] 他可能在自己的职业生涯中拍过一些烂片，将来可能还会

有效说服　　226

拍更多这样的片子。但他极少在扮演某个角色的时候呈现缺失艺术感的表演，或者在一个角色上敷衍了事。他是一个用非凡技能和认真态度对待工作的人。

榜单前十名中的其他名人，包括梅丽尔·斯特里普和玛雅·安吉罗，也都是这样的人。他们也努力成为自己专业领域中技能水平最高的实践者之一，而技能已经转化成了他们的影响力。

我们还可以看看国际象棋前世界冠军加里·卡斯帕罗夫的职业转变。卡斯帕罗夫在 40 岁出头时，保持国际象棋头号棋手地位整整 20 年之后退役，成为世界上最有说服力的人权、言论自由和民主倡导者之一，也是普京最直言不讳的对手之一。他甚至在 2007 年参与了俄罗斯总统竞选。一个毕生大部分时间都在研究棋盘游戏的人竟然做出了这样的行动。

让他成为国际象棋大师的，是只有他的高手同行才能真正明白的东西。但对其他人来说，他通过多年的努力掌握了一件困难而复杂的事物，这本身就说明了他的品格。人们会倾听他、关注他。

同样，2016 年，橄榄球运动员科林·卡佩尼克坚持在奏美国国歌时单膝跪地，以唤起人们对美国种族不平等的意识，这引发了一场关于警察暴力和刑事司法改革等问题的全国性讨论。如果他没有在自己的领域中做到世界顶尖水平，那么很少有人会关注他是否进行了一次小小的非暴力抗议。事实是，他具备极佳的专业技能，并且水平高超，这让他的行动和信念产生了巨大的影响力。因此，他的抗议成了几乎每个美国人都知道的全国性新闻。

在另一个方面，我之所以更愿意相信《纽约时报》或《华尔街日

第十章　技能训练的重要性

报》的报道，而不是我从博客作者或推特红人那里得到的消息，是因为我知道，这些新闻机构的记者非常重视做好自己的工作。多年来，他们一直致力于加强自己的技能，追踪可靠的消息源，清晰而准确地报道事实，磨炼自己的判断力，熟练且精确地进行写作。如果这些新闻机构告诉我某个话题或者事件值得了解，我会更加关注。

我们大多数人永远不会成为勒布朗·詹姆斯、汤姆·汉克斯或者阿黛尔。但这些人的巨大影响力，证明了职业道德与说服力之间的联系。虽然我们大多数人永远不会去 NBA（美国职业篮球联赛）打球，也不会获得奥斯卡奖，但这并不意味着我们在工作中不能把自己的技能和认真态度带到一个新的高度。

当你花时间用技能去解决问题，并不断努力提高自己的能力时，别人是能够看出来的。在大多数情况下，确定无疑的能力会让人们更愿意相信你，并认真对待你的观点。

这就是我所说的技能训练：一种以高水平技能和提升为目标的工作方法。

遗憾的是，如今许多最流行的工作方法都对技能训练嗤之以鼻。看看生活黑客的兴起就知道了。这种理念牵涉采用正确的捷径，以最小的努力提高生产力。无论你将目光投向何处，人们都在提出建议，告诉你如何通过减少不必要的工作以实现效率最大化。这可能包括使用预先编写的电子邮件模板快速回复邮件，或者在吃早餐的时候听书，或者采用更快的方法折叠衣物。毫无疑问，其中一些方法真的可以派上用场。有时候，尽量减少你花在琐事上的时间会为那些更有意义的、基于技能的活动腾出空间。

例如，我的好朋友蒂姆·费里斯就是一个用让生活更充实的方式提高效率的专家。事实上，他是我所提倡的那种重视技能训练的思维模式的最好例子。据我所知，蒂姆比其他任何人都擅长分解复杂的技能，以便快速且牢固地掌握——无论是烹饪、说外语、跳舞还是中国功夫，都是如此。[3]他在不断地训练技能，他的洞察力和成就不断地带来巨大的鼓舞力量。

生活黑客则不同。"黑"（hack）这个词来自科技领域，它有一个定义："针对某个问题的不雅解决方案。从这个意义上说，'黑'是以低效的、非最佳的或丑陋的方式完成工作。"[4] "黑"的效果可能暂时还不错，当你遇到麻烦时，它甚至可以帮你解决难题。但我不认为这是一种合适的生活方式。

在极端的情况下，生活黑客背后的整个理念是，你醒着的每一秒都应该被尽可能有效地利用。但我们不仅仅是工蜂——我们是有激情、有价值观、有目标、有灵魂的人。用效率或生产力这种冷冰冰的、呆板的东西来代替这些意义的来源，是没有灵魂的。一个总是在寻找捷径的人，以及一个在必要时不介意做点儿额外工作的人，你更愿意相信谁呢？

有很多商业咨询专家会告诉你，如果你想让自己的初创公司起步，唯一真正的秘诀在于投入尽可能多的时间和工作——去忍受痛苦。这也可以与马尔科姆·格拉德威尔所说的10 000小时法则联系起来：要掌握任意一个技能，都需要经过10 000小时的训练（也就是每天花90分钟，持续20年）。蒂姆·费里斯认为，尽管数据显示大多数人所需的训练时间为10 000小时，但大多数人的训练方法是错误的,或者如他暗示的那样,大家绕了远路。费里斯认为训练的质量远比训练的数量重要。

这两种思考方式都有一定的道理。没有很多个小时的训练,你永远不会擅长做任何事情。没错,创业需要投入大量的时间。但是,仅仅关注时间是不对的。工作时间长并不意味着你离目标更近了。事实上,如果你不好好利用这段时间的话,有时候早出晚归完全是浪费时间。

同时,对于新创业者而言,如果你没有一直保持忙碌的状态,你就会觉得自己做错了什么。这可能会迫使你尽可能多地工作,不是为了获得成功,而纯粹是为了保持忙碌。企业家兼作家纳特·伊莱亚森称这种态度为"奋斗色情"("struggle porn"),他把这种现象描述为"一种受虐狂式的痴迷,强迫自己更努力地工作,喜欢听别人说你要更努力地工作,热衷于告诉别人你在多么努力地工作"。他指出,这可能会产生一些非常可怕的后果。它可能会导致创业者在自己的企业被证明是个失败品之后的很长一段时间内,依然选择浪费一大笔钱来维持企业的运转。他们错误地将自己的努力工作视为成功和进步,即便他们的公司并没有取得任何进展。[5] 他们认为自己只要努力工作,就会获得成功。但事实并非如此。为了工作而崇拜工作是错误的。

如果一个人把自己能利用的每一个小时都花在发展业务上,或者仅仅花在追求财富的最大化上,那么他就不是一个值得信赖的人。这样的人很容易让人产生一种印象,觉得他们只是在为自己着想,而且如果能让他们更接近另一座里程碑,他们会很乐意出卖你。

还有一些人长时间工作是为了向周围的人展现自己的价值和地位。他们从不错过任何承担新项目的机会，而且似乎总是通过表达自己的压力有多大、睡眠有多差以及日程安排有多满来获得一种反常的快乐。对于这类人来说，忙碌本身就是一种奖励——只要他们身边的每一个人都知道他们有多忙就行。

如果你在办公室工作，那你很可能会遇到最后这种人。不管你怎么看待这样的人，他们都没有说服力。事实上，他们倾向于用压力和不安全感去影响他人，把人们赶走，而不是吸引对方靠近。

技能训练介于这两个极端之间，触及一个健康的中间地带。你的目标应该是通过开发一种平衡的工作方法，去避免所有这些陷阱，并且把事情做好、做熟练。不要过度做到偏执狂式的痴迷或者"奋斗色情"受虐狂的地步，但也不要总是寻找捷径。要想做到这一点，第一步就是采用以技能为基础的思维模式。

转向技能训练

以任务为基础的思维模式聚焦于把事情做完，不管过程如何，而重视技能训练的思维模式则把过程和结果看得一样重。

以任务为基础的方法和以技能为基础的方法之间的区别，就是学习一个很棒的食谱与学习烹饪基本原理之间的区别，是应付一场考试和掌握某个领域的知识之间的区别，也是计算热量和采用健康均衡的饮食计划之间的区别。

事实上，技能训练的概念是触及灵魂的说服力的核心。这种方法避免了小把戏和捷径（基于任务的策略），倾向于由根深蒂固的习惯和品格特征（技能）带来的说服力。一旦你抱持一种技能训练的观念，它将改变你处理各种项目的方式。你将不再只关注结果，而是开始从那些有助于活动顺利开展的技能的角度去看待活动。

假设你想要为了满心期待的海滩之旅减重瘦身。从这个角度来看，你的目标是让自己的外形有所变化，而实现这个目标的途径无关紧要。但如果你转向以技能为基础的思维模式，它会改变整个减肥计划的性质。问题不是"最简单的减肥方法是什么"，而是"我需要做什么来保持健康的体形"。保持体形需要技能，比如，了解你的身体对食物和锻炼的反应，将体育活动融入你的日常生活，准备并食用有营养的食物，以及以正确的姿势锻炼。健康本身就是身体正常运作的技能。

如果以这种方式处理这件事，那么你不仅会在海岛上看起来状态更棒，还会变得更健康、更有型、更强壮。你将获得后续可以应用到其他各类不同情境的能力。也许有更快的减肥方法，但你永远不会后悔投入额外的时间去实现深层次的改善，最终，相比拥有超棒的海滩身材，你获得了更有价值的好处。

假设你的老板给你派了一个项目，你需要使用你不是很精通的新软件。你可以把这个项目中涉及新软件的那部分交给熟悉该软件的同事处理（我肯定会这么做），但你也可以把这种情况看作发展新技能的机会。这可能意味着你要早点儿上班，学习优兔上关于这个软件的教程，或者周末带一些工作回家，这样便能通过反复试错来学习。再说一次，这不是完成这项工作最直接的方法，但最终你会发展出一项新技能——一项未来可能会以你意想不到的方式派上用场的技能。

你越是依赖技能而非捷径、变通方法或者拼命工作去完成相应的项目，这些熟练的活动就越会成为你的第二天性。那么，你便不再需要依靠有意识的程序，而是仅凭直觉就能采取行动，用无意识的判断去指导行为。

想想看：一旦钢琴演奏者经过多年的训练，学会了熟练地弹钢琴，她就能不假思索地让音乐从指间流淌出来。她的演奏在技艺层面变得自动化了。这就是效率，但这种效率并不会以牺牲高质量为代价。

同样重要的是，一个用以技能为基础的思维模式去处理项目的人，会展露自己的某种品格。他们表明自己是那种非常重视把事情做对的人，即使这意味着要投入额外的时间和精力。这样的品格会让你天然地值得信赖、具有影响力。

知其然，更要知其所以然

简单来说，以技能为基础的思维模式是指，将完成某事的具体方式和这件事的最终结果视为同等重要的两个方面。不仅要知其然，更要知其所以然。这种思维模式不仅仅会增强个人的说服力。事实上，近年来，品牌方已经认识到，它们对消费者的影响力的大小，很大程度上取决于它们开展业务的方式，而不仅取决于它们是否提供了可靠的产品或者服务。

市场对那些合乎道德的、可持续的、通过公平交易政策采购的产品的需求呈爆炸式增长，品牌方的最新认识就解释了这一现象背后的原因。例如，户外服装和装备品牌巴塔哥尼亚这样总结它的使命："制造最好的产品，不造成不必要的危害，利用商业激发并落实环境危机解决方案。"[6] 与此同时，苹果公司也对其电脑的制造大做文章，声称它使用的是100%可回收的铝材，并且完全使用可再生能源为其业务发展提供动力。[7]

对于很多人来说，沃尔玛是效率低下的化身，但即便是它，如今也更加强调自己是如何开展业务的。沃尔玛制定了雄心勃勃的目标，包括减少温室气体排放、减少生产过程中的废物排放，以及认真负责地采购产品。[8]

这些品牌已经意识到，对于消费者的购买决定而言，它们如何开展业务与它们所销售的产品同样重要。当然，可能有更便宜、更快捷、更有效率的方法去生产某款产品。但是，通过表现出把事情做对的意愿，越来越多的品牌正在展现它们特质中的某个部分，它们知道消费者会对这个部分有所反应。

有技巧地生活的艺术

那么，我们应该如何在工作中练习这种技能训练法呢？毕竟，一天只有那么二十几个小时。除非你是达·芬奇，否则，在你所做的每一件事上都成为大师并非一个现实的目标。幸运的是，我所提倡的这种有技巧的生活方式并不要求你成为所有领域的行家里手，只要你带着掌握和提高技能的目标去完成项目即可。你也许只能成为一个水平一般的小提琴手，或者一个差强人意的厨师。但是，只要你在每次使用这些技能的时候都想着不断磨炼、提高，你就已经成功地接受了以技能为基础的观念。

如果某件事值得去做，那它就值得做好。而所谓"做好"，只能通过潜心研究、专心致志地投入活动，并且焦点清楚、目标明确才能实现，试图一蹴而就并不可行。

有几个重要的策略可以帮助你将这个想法付诸行动。

刻意练习

要想获得任何技能，也许最重要的部分就是学习进行心理学家安德斯·艾利克森所说的"刻意练习"。这是一种专注的、系统的练习，旨在把你从舒适圈中推出来。这与死记硬背或者"瞎混"正好相反。

拿起一把吉他，然后无意识地弹奏，这并不是刻意练习。把你所有的注意力集中在一个现有水平无法企及的地方，留心哪里出了问题，然后有意识地改正——这才是刻意练习。[9]

刻意练习的一个重要部分在于知道何时停止。由于需要大量精力和高度的注意力，所以实际上这种练习最好在一个短的时间段内进行。如果你坚持得太久，你就会感到疲劳，开始变得懒散。因此，试图在最短的时间内尽可能多地进行练习是错误的。相反，你的目标在于尽可能长时间地、专注地进行练习。当你感到自己集中不了注意力时，你就停下来。

为期两年的技能训练

这一点很好理解。你如果想过上可以使用高水平技能的生活，那就要不断地学习。其中一种方法就是每两年学习一项重要的新技能——摄影、冲浪或者编织，都可以。重要的是你真的有动力去学习它——不是精通它，而是学习它。

蒂姆·费里斯就是一个很好的例子。他把定期学习新技能变成了一种生活方式，这也是他拥有众多忠实追随者的主要原因。即使是那些并非总是赞成他的人，也会认真对待他，这是因为他对自己所做的每件事都表现出了高度的认真。

如果你这样做的时间足够长，做得足够多，你就会熟悉掌握一项新技能的模式，这反过来会让你更加善于学习，帮助你在生活的许多不同领域成为一个更有技能的人。

你要克服的最大困难出现在最开始的阶段，那时你会表现得非常糟糕。如果你养成了定期学习新技能的习惯，你就会发现，那些看似毫无希望的日子只是学习新技能的过程中不可避免的一部分，没什么好沮丧的。

我的"甜蜜科学"实验

我自己在拳击场上的"历险记"就是一个有用的例子，说明了定期学习新技能的好处。我对这项运动产生了兴趣，希望能很快学会它。这能有多难呢？毕竟，要掌握的拳式只有六种——前手直拳、后手直拳、左摆拳、右摆拳、左勾拳、右勾拳。

经过教练几个月的训练，我掌握了这项技能。我满怀信心地参加了自己的第一场拳击比赛，自认为准备了万全之策。但是，正如迈克·泰森曾经说的："每个人都有一个计划，直到他们被一拳打中嘴巴为止。"[10]

对我来说，害怕挨揍并不是什么大问题。事实上，我的问题正好相反。我不像大多数人那样介意被人打，但我太急于向对手发起进攻了。我是一名强壮的拳击手，但缺乏技巧。这让我抑制了自己的出拳——我离对手太近了，以至于不能有效地击打他。结果，我把自己置于十分脆弱的境地。通常到了第三回合左右，我挨的打比我出的拳多得多。

我的错误在于，过于依赖自己的内在力量（我愿意挨打），却没有花时间去研究那些对我来说并非自然而然就能习得的关键技术（比如步伐后撤和滑步侧身出拳）。我以为自己找到了一条阻力最小的路。用这种方式弄明白把事情做对的价值，实在是非常痛苦。

那些天，我和教练一起训练和用功，不断完善我的出拳、我的格挡，还有我的步伐后撤，换句话说，集中在基础和技巧上。我的技术进步了很多。我发现即使在对打时很激动，自己也更加容易保持正确的姿势和精神上的掌控力。随着我正在学习的核心技能变得越来越像第二天性，在即兴发挥和对意外状况做出反应方面，我的水平也有所提高。我开始评判每一节课，看自己是否磨炼了技能。

这也需要更多年的苦功。

我发现，我在这种刻意练习中获得的智慧，适用于在其他完全不同的领域学习一项新的技能。比如，拳击让我知道，如何在感到疼痛和不适时保持自律；如何在遇到不顺心的事情时保持不气馁；第一次听到某个建议时，它可能显得很愚蠢或者很老套，但一旦你有了一点儿成功的经验，你就会觉得它不可或缺。这些启示不仅适用于拳击——它们适用于一切。

舒适不能带来成长。

要有热爱，而非业余爱好

如果你已经在某项业余爱好上花了很多时间，那么就不要再把它看作一种有趣的消遣了，而要试着把它看作一种热爱——一个你看重其本身，并努力变得更加擅长的技能或者知识领域。与其用这种活动来愉快地消磨时间，不如把它当作一种需要不断进行刻意练习的追求。

也许你喜欢每周末都去公园打打篮球，但很少花时间练习罚球，或者提高三分球的命中率。这一切都需要你在下一次临时凑成的篮球比赛之前或者之后，额外花 30 分钟进行刻意练习，从而把这个简单的消遣变成一项真正的技能。如果你每个月和朋友打一次扑克，并且乐于此道，那么就不要再把它当成偶尔的社交活动了，花点儿时间去研究策略，向更好的玩家寻求建议，并且在每次玩的时候都提高自己的表现水平。你甚至可以试着学习记牌。

同样，你如果是某个特定乐队或者电影导演的普通粉丝，那就努力成为忠实粉丝吧。阅读你能找到的任何评论，找出你以前从未接触过的冷门作品。通过这种方式，你会把自己的休闲娱乐转变成有技巧的参与，后者通常会给人带来更多满足感。

注重质量，而非数量

我知道这是陈词滥调，但它恰好是正确的：擅长某几件事，好过在一堆事情上都表现糟糕。在实践中，这意味着你要避免那些自己没有时间和精力去完成的任务，或者那些对你的进步没有任何实际帮助的任务。这并非总是可能的。

比如，许多人都感觉自己在工作中"自愿"参加了某些项目，或者参与了某些小任务，即便这些事情对他们的实际工作而言无关紧要。结果，他们的注意力被划分为越来越小的单位，这稀释了他们工作的整体质量，并妨碍他们提高对自己来说真正重要的技能。

相反，你要习惯拒绝那些与你更重要的目标无关的事情，无论是在工作上还是在个人生活上，都要如此。这可能意味着不去参与和你当前项目无关的会议，或者不去查看收件箱中出现的每一封电子邮件。利用这些额外的时间，集中精力、小心谨慎地使用技能去完成你的重要工作。

弄清楚事实

谈到说服，你能培养的最重要的能力之一就是有技巧地、负责任地处理事实。那些以正确判断事实、擅长区分优劣信息著称的人更值得信任，因此也更有影响力。当他们说话时，人们会用心倾听，因为他们所说的很可能是真的。

相比之下，粗心大意地对待事实的人本质上是不可靠的，这一点几乎显而易见。当辩护律师试图破坏证人的证词时，他们会去寻找对方证词中一些微小的不准确之处，这并非巧合。这样一来，这些律师试图把证人描绘成对事实的准确性缺乏应有尊重，因此不值得被倾听的人。

学会以高度尊重的态度对待事实需要进行刻意练习。具体来说，它需要一种习得的警觉，也就是在你自己核实之前，要对大部分信息保持怀疑。对事实信息小心谨慎，也意味着要掌握一个优秀研究者必备的技能。如果你要在谈话中引用一项统计数据或者一个历史案例，那你就一定要提前做相关调研工作，以确保你所说的内容真正准确。

即使是在一个看似微不足道的事实上失误，也会严重影响你的声誉，从而影响你的说服力。一条信息对你来说不重要，并不意味着它对你的受众而言不重要。如果你的受众中有人比你更了解某个话题，并注意到你在重大问题上犯了小错误，他便会很快对你产生这样的印象：你是个对事实缺乏尊重的人。如果你的目标是说服别人，那么这种印象会让你处于非常不利的地位。

大多数时候，这种严格评估不会被人注意到——它完全隐藏在背后。但当十次中有一次，有人在会议上质疑你，或者提出一个意料之外的问题时，你就会对细节有所准备。你会拥有一个应得的名声：一个知道自己在说什么的人。

小结

我们会被那些在自己的专业领域游刃有余的人吸引。我们信任他们，征求他们的建议，听从他们的领导。当他们表达意见时，我们会认真对待。那是因为当你重视高质量，并精益求精、全身心投入地开展行动时，你品格中的一些特质会自然地展露，一旦它们被人观察到，你就会不知不觉地在别人眼中变得有巨大的影响力。

因此，从说服力的角度来看，处理任何项目（无论大小）的最佳方法是，从做好它所需要的技能这个角度去看待它，并致力于学习和提升这些技能。简而言之，这就是技能训练。它在生活黑客以及许多人盲目信奉的受虐狂式的"多多益善"工作理念之间取得了重要的平衡。

你可以通过以下方式向这种基于技能的方法实现转变：

1. 刻意练习
2. 为期两年的技能训练
3. 要有热爱，而非业余爱好
4. 注重质量，而非数量
5. 弄清楚事实

随着时间的推移，你所表现出的高标准和高质量，将影响你在别人眼中的形象。

如果能做到这一点，那么你不仅能获得技能，还能赢得影响力。

第十一章

鼓舞他人

如果我的头脑能够构想它,我的心灵能够相信它,那么我就能够实现它。

——穆罕默德·阿里

说服是影响人们行为和信念的艺术。有很多方法可以做到这一点：你可以威胁他人，给他们钱，吓唬他们，满足他们的自我利益，或者让他们感到内疚。但世界上没有比鼓舞更好的动力了。

当我们感觉受到鼓舞去完成某个目标或者采取某种立场时，我们不仅是被激发了进取心，还是以一种积极向上的、令人愉悦的、充满活力的方式被激励着。鼓舞让我们充满可能，让我们下定决心超越自己的极限。它让我们变得比现在更好。它滋养着灵魂。

如果你仔细观察，你就会发现，生活中我们所做的许多事情都是在受到鼓舞的那一刻开始的。我之所以会去学习演奏乐器，是因为听了后朋克乐队 Joy Division 的《爱会将我们分离》中的那段即兴贝斯演奏，有了很不一样的感觉。如此简单，令人难忘，美妙万分。我做广告并非出于任何实际的考虑，而是因为早在孩提时期，我就喜欢"哦，是的！"这句口头禅，它出自 Kool-Aid 饮料的吉祥物之口——后者是一个脸上带着微笑的拟人化大水罐，会穿墙破壁，毁了你的房子。孩子们会大叫："嘿，Kool-Aid！"它就会端着自己的红色糖水出现。我也想施展那样的魔法，创造大大咧咧地登门入户的卡通人物。

当某个鼓舞人心的人叫我们去做某件事时，我们很容易就会点头答应。如果乔恩·斯图尔特此刻出现在我的办公室，向我借车，我肯定会把钥匙扔给他。

如果你想成为一个更有说服力的人，那么努力在日常生活中变得鼓舞人心，便是最有力的策略之一。通往鼓舞人心的道路并非只有一条——想想那些激励过你的人，他们如此多样，这就证明了这一点。从某种意义上说，本书中讨论的每个习惯和品格特征都将帮助你变得更加鼓舞人心。如果你在工作中表现得更加慷慨、更懂得尊重、更擅长讲故事，你就会拥有能让许多人从中获得鼓舞的品格特征。但鼓舞他人也意味着过有原则的生活，激励他人质疑自己对可能性的先入之见，甚至为这个世界做些好事。

变得鼓舞人心并不意味着你从不犯错，毕竟我们都是凡人。它只是意味着，你总是在尽最大努力按照自己的原则生活。

鼓舞是如何起作用的

当我想到历史上那些最鼓舞人心的人物，无论是哈莉特·塔布曼还是阿尔伯特·爱因斯坦，有一个特点很突出：他们都表现出了非凡的正直和诚实。也就是说，他们愿意将自己的信念付诸行动，即使这样做并不受欢迎，而且意味着要冒险牺牲自己当前的利益。通过这样做，他们能够改变周围人的想法和行为。

作为一名拳击手，穆罕默德·阿里是一个让人惊叹的奇迹——他是杰出的技能、时机把握、速度、准确性和天赋的完美结合。但他成为鼓舞人心者的真正原因，在于20世纪60年代末70年代初他在拳击场外度过的时光。1964年，时年22岁的阿里赢得了重量级拳王的称号，1967年，他拒绝入伍参加越南战争。他反对战争的原因有两个：一是宗教原因，他是穆斯林；二是基于自身道德立场，他认为这场战争本身就不公平。

在接下来的几年里，他被判犯有逃避兵役罪，并被判处五年监禁。美国有一半的人并未把他看作有原则的、出于道义原因而拒服兵役的人，而把他看作懦夫。尽管他在上诉期间仍然保持自由之身，但每个州都吊销了他的拳击执照。他失去了护照，无法出国打拳。他还被剥夺了重量级拳王的头衔。

像阿里那样面对挑战、承受压力，需要惊人的勇气。作为一个拳击手，他在自己的全盛时期被剥夺了从事职业拳击运动的权利。他本可以顺从，好好表现，做当局希望他做的事情——就算不是为了他自己，也可以为了家人这么做。但他没有。相反，他眼睁睁地看着自己运动生涯的黄金时期一去不复返，等待着自己的上诉在运转迟缓的审判系统中缓慢进行。直到1971年，联邦最高法院才以全票通过的结果推翻了对他的判决。[1]这时，他已经四年没有摸过拳击手套了。

直到1974年，阿里32岁（在20世纪70年代，这个年纪的拳击手已经很老了，尤其是像阿里这样依靠速度和敏捷性取胜的人），在与 25 岁的乔治·福尔曼在扎伊尔（现刚果民主共和国）金沙萨的那场历史性对抗中，他赢回了重量级拳王头衔。[2] 要是在 25～29 岁，他能继续打拳，谁知道他会取得怎样的成就？

阿里坚持他的原则，不单在世事顺遂的时候如此，甚至在他非常清楚这样做可能会让他失去生计甚至自由的时候，也是如此。他一再声明，如果法院做出了判决，他愿意去坐牢。多年里，他勉强度日，几乎身无分文。他没有秘密逃到国外去，而是留在公众的视线中，说出自己的想法，并鼓舞别人相信自己的信念。事实证明，历史是站在阿里这一边的，但当时美国的大多数人并不重视阿里的直言不讳。

如果他为了保留自己的拳击执照、避免坐牢而屈服，说了他不得不说的话，那么基本上任何一个理性的人都不会去责备他。我们会想："如果我处在他的境地，我可能也会这么做。"他坚持自己的原则，提高了其他所有人的标准。因为阿里，当我们的价值观受到挑战时，我们便少了一个走捷径的借口。在我们的原则上做出让步变得更难了。

这就是鼓舞人心的人所能做到的。这样的人可以推动我们超越自身的自然极限，给我们力量和动力去做得更好。他们可以说服我们成为意志最坚定的自己。

打破旁观者魔咒

这种对原则的坚持可以非常有效地影响人们的行为。在很多情况下，只需一个人就能激起一股变革的浪潮，让人们从心理学家所说的"旁观者效应"中解脱出来。

20世纪60年代末，心理学家约翰·M.达利和比布·拉塔内率先研究了旁观者效应。这项研究针对的是1964年发生在纽约皇后区的一起谋杀案，死者为28岁的姬蒂·吉诺维斯。一天晚上，吉诺维斯在她住处附近的大街上被人残忍地强奸并用刀刺死。当时，根据广泛报道，数十人承认他们看到或听到了事件的发生，但未能阻止凶手的攻击，甚至没有报警。[3]

最后事实证明这个说法其实被夸大了。有两个人确实报了警。但这个故事的错误版本引起了全美国的关注，并引发了一场讨论：为什么没有人干涉？

这就是达利和拉塔内在他们里程碑式的实验中所提出的问题。他们假设，目睹一场危机的人越多，其中任意一个人站出来采取行动的可能性就越小。他们的研究恰好证明了这一点。

在其中一个实验中，一名本科生被邀请参加一场关于个人问题和大学生活的讨论。另一个参与者实际上是实验的研究人员，会在谈话过程中假装某种疾病突然发作。这个实验的目的在于了解参与者是否会帮助突发病患者，如果会，那么需要花多长时间采取行动。不仅如此，这项研究还观察了随着现场人数的增加，学生的应对情况是如何改变的。

果然，在没有他人在场的情况下，学生更有可能帮忙，而且行动得更快。目击者越多，学生干预的可能性就越小。与此同时，在人数更多的时候，那些试图提供帮助的人犹豫的时间也会更长。[4]

换句话说，当我们身处人群之中时，在需要采取行动的情况下，我们所有人都更加容易袖手旁观。即使不采取行动意味着违背我们最基本的道德原则，比如"当有人遇到麻烦时，你应该提供帮助"，我们也依旧会如此行事。

达利和拉塔内认为，出现旁观者效应的一个可能的原因，就是所谓的责任分散。当周围有很多人的时候，我们会觉得自己帮助别人的义务变得没那么强了，这也让我们更加愿意袖手旁观，什么都不做。同样，对于未能采取行动的责任，也会在这一群体中分散。[5] 我们会想："如果其他人都没有采取行动，那我为什么要采取行动呢？"

这些发现真的非常令人沮丧。不过，还有一线希望：当有一个人站出来时，其他人就很难再做旁观者了。说真的，只要一个人打破了责任分散的魔咒，让其他人觉得必须伸出援手，就可以了。这正是鼓舞人心的人所扮演的角色。

如果你仔细寻找，你就会发现到处都有这样的情况发生。比如，如果某个倒霉的人在地铁上乞讨，我们的本能反应是避免眼神接触，拒绝掏出零钱，直到另一个人给了他几美元，或者哪怕是几美分。然后，你经常会注意到，捐助的水闸就此打开了，人们会伸手去掏他们多余的零钱。这也是为什么那些慈善募捐马拉松式电视节目会持续更新观众的捐款金额。（当然，这些心理倾向是可以被利用的。比如，聪明的街头音乐家在开始演奏之前，往往会先自掏腰包，放些钱在帽子里，给人留下已经有人打赏过的印象。）

鼓舞人心的人不会命令我们采取正确的行动。没有人有必要告诉我们，对需要帮助的人施以援手或者保护环境是对的。相反，这些人促使我们坚持自己本来就信奉的原则，抵制我们那些更卑劣、更自私的倾向，包括冷眼旁观的念头。

还有一个案例能说明这一点。20 世纪 50 年代，亚拉巴马州蒙哥马利市的黑人女裁缝罗莎·帕克斯拒绝遵守该市的种族隔离法，具体而言就是要求黑人坐在公共汽车后排的规定。吉姆·克劳法[①]的荒谬和不人道显而易见，但很少有人站出来反对。

1955 年 12 月 1 日，星期四，帕克斯在蒙哥马利市集百货公司下班后乘坐公共汽车回家，司机要求她给一位白人乘客让座。鉴于帕克斯当时正按规定坐在公共汽车的"有色人种"区，这一要求越发让人恼怒。"白人"区已经坐满人了，因此，为了给白人乘客创造更多的座位，公共汽车司机让帕克斯和其他三个人站起来。帕克斯并没有这么做。她的回答很简单："今天不行。"她拒绝做旁观者。这是历史上关于拒绝的力量最为重要的案例。

她后来解释道："人们总是说我不让座是因为我累了，事实并非如此。我的身体不累……不，我唯独厌倦了屈服。"[6]

她那不寻常的非暴力反抗行为招致警察的拘留。几天后，她被判犯有妨害治安罪，但她对判决提出了上诉。她的被捕和被审判引发了一场持续一年多的针对蒙哥马利市公交系统的大规模抵制，这是一场由 26 岁的马丁·路德·金领导的具有传奇色彩的抗议活动。帕克斯的上诉最终在 1956 年到达了联邦最高法院，法院做出了有

[①] 吉姆·克劳法泛指 19 世纪 70 年代开始美国南部各州制定的对黑人实行种族隔离或种族歧视的一系列法律。——译者注

利于她的裁决。这一决议导致蒙哥马利市公交系统的种族隔离规定被废除,并为1964年《民权法案》的颁布铺平了道路。[7]这一切都是因为一个人反抗了有违她自己的正直、平等和自我价值观的法律规章。这些法律就是道德暴行,她并不是唯一认识到这一点的人,但她是少数几个拒绝屈服于旁观者效应的人之一。因此,她帮助重塑了历史。

关于这一原则,我最喜欢的另一个例子是绿色建筑先驱戴维·戈特弗里德。在房地产开发行业工作多年后,戈特弗里德开始意识到建筑工程对环境造成了多大的破坏。他看到,这个能让他赚取巨额财富的行业也在伤害着地球。那是25年前的事了①,当时开发商和建筑师在新项目动工时最不愿考虑的就是建筑对环境的影响。也许戈特弗里德比其他任何人都更能改变这些规范——不仅限于美国,而是世界各地。他运用自己的技能和人脉,发起了一场鼓舞人心的变革。

20世纪90年代,他与人共同创立了两个组织:美国绿色建筑委员会和世界绿色建筑委员会。这两个组织共同发起了一场全球运动,旨在通过建造可持续性建筑来保护我们的地球。最值得注意的是,戈特弗里德还是美国能源与环境设计先锋(LEED)评价标准的推动者。这是一个基于多种因素对建筑的环境合理性进行评级的体系,从建筑材料和资源到建筑的能效和水效,以及建筑对空气质量和居住者健康的影响,无不囊括。

---

① 本书英文原版首次出版于2019年。——编者注

LEED认证现在是全球所有建筑项目必须满足的一项标准要求。事实上，获得LEED认证的建筑遍布全世界167个国家。每天，估计有220万平方英尺①的房地产获得这项认证。[8]与未经认证的建筑相比，LEED认证的建筑减少了34%的二氧化碳污染和25%的能源消耗。[9]

这一切带来的正面影响怎么说都不为过。我们现在建造的许多建筑将世代存在，这意味着我们今天所做的决定将对环境产生巨大的、长期的影响。想想看，美国大约40%的二氧化碳排放是由建筑物造成的。[10]确保今天的建筑物有效地利用资源和能源，并把产生的污染控制在最小限度，我们便能在保护地球方面取得巨大的进展。这就是激励戈特弗里德的那个洞见。

这个人的决心已经为我们的健康和环境带来了改变世界的益处，而这种益处还将持续好多个世纪。戈特弗里德曾经说："我们每个人都是变革中的一个原子。如果我们能绿化自己和自己的影响范围，覆盖数以百万计的人，那就足以创造我们所需要的那种转变的浪潮。"[11]这表明，无论你所处的行业或者从事的职业是什么，你总能找到一种基于你已有的技能、人脉和知识去做好事的方法。

如果没有人伸出援助之手或者保护环境，我们可以说服自己什么都不去做。但只要我们对自己诚实，大多数人就不会止步于此。在灵魂深处，我们非常清楚什么时候需要采取行动。只要有一个人响应了号召，其他人就难以推卸责任。我们会想："如果这个人都

---

① 1平方英尺约为0.09平方米。——编者注

能做到，那我还有什么不行动的借口呢？"

这就是鼓舞人心的人施加影响的方式。

广告人也能做一些好事

在成年后的大部分时间里，我都认为自己是一个相当有原则的人。我有自己的信念，我努力了解世界上那些最紧迫的问题。我支持自己真心信任的候选人，而且在聚会上就社区乃至国家的现状进行深思熟虑的交谈。但我从来没有付诸实践，主要是因为我认为当今那些最大的挑战，对像我这样的人来说太过庞杂，我的行动不会产生任何效果。你知道的，这是典型的旁观者思维。但问题是：过有原则的生活和进行见解深刻的交谈是两码事。拥有一个想法和实现一个想法之间存在着巨大的差距。正如人们所说的，空谈无益。

在与乔·拜登一起合作 It's On Us 活动之后，我意识到了这个事实。并非巧合的是，这一活动试图通过鼓励所有美国人挺身而出，尽自己的一份力量去防止校园性侵犯，以此对抗旁观者效应。我们认识到，正是因为我们不愿承担责任，不愿从人群中脱离，不愿将性侵犯扼杀在摇篮之中，这些可怕的罪行才有了可乘之机。

在那次活动之后的几年里，我与人合作建立了一个叫作"创意联盟"的组织，把这一洞见付诸行动。我们的想法是利用一批世界上最具创造力的公司，来策划旨在实现真正社会变革的活动。

"创意联盟"关注四个关键议题：

1. 反仇恨和反歧视

2. 性别平等

3. 教育机会

4. 公民参与

四年前我们刚成立的时候，只有 9 个合作伙伴。今天，有 90 多家公司向"创意联盟"提供人才和专业技能的支持，包括 CAA（创新艺人经纪公司）、媒体和娱乐制作公司 Broadway Video、美国喜剧中心频道、MTV（音乐电视网）等实力雄厚的公司和机构，以及 72&Sunny、BBH、Subrosa、In Good Co 和 Havas 等卓越的广告公司。我们之所以能够招募这些组织，很大程度上是因为我们打破了旁观者效应的魔咒。

我们对很多合作公司的宣传完全基于鼓舞："我们愿意用我们的时间、精力、资源和专业知识去推进真正的社会利益，而不仅仅是销售产品。你们愿意加入我们，一起领导一场你关心的运动吗？"当你告诉别人，他们可以运用自己的力量去做些好事时，他们会很感兴趣。

到撰写本书时为止，我们已经率先发起了八项行动，目的包括帮助孩子上大学、反对歧视、促进性别平等。[12] "创意联盟"近期的一项倡议"一起投票"，旨在通过在投票点附近举办街区聚会、烧烤聚餐和其他活动，提高选民的投票积极性。我们希望鼓励个人、家庭和社区把民主参与看作团结和庆祝的机会，而不是分歧的来源。我们也有一些鼓舞人心的指导原则："目标重于利益"，"合作重于竞争"，还有"持续行动而非三分钟热度"。

不论你从零开始做什么事情，创建鼓舞人心的基础原则对于指明前路而言总是大有裨益的。如果几年前你告诉我，我可以在增加教育机会或者争取性别平等方面发挥哪怕很小的作用，我根本不会相信你。我会告诉你，像我这样的人没有时间或者技能去做这样的事情。这是一个软弱的借口，会一语成谶。事实上，结果证明像你我这样的人也可以做到这些，只要我们做出放手一搏的简单决定就行。

面对紧迫的社会问题，这是我拒绝做一个旁观者的方式。所有这些倡议背后的统一思想在于，我们每个人都可以做同样的事情。我们都有能力利用自己的技能去做成一些美好的事情，同时兼顾自己的生计。

通过个人权威施加影响

习惯性地努力将你的价值观转化为行动的好处之一在于，随着时间的推移，你会因为言出必行而赢得声誉。这会给你带来个人权威。

当一个人拥有这种权威时，我们倾向于相信他的决定是正确的。我们对那些具有个人权威的人的自然印象是，他们是真诚的、善意的，他们关心正确的事情。如果别人这样看待你，那么当你表达意见时，他们就会很愿意跟随你的领导。

马丁·路德·金就是证明这一点的最佳例子。正是由于他的非凡权威（来自多年的领导、学识和对社会平等的奉献），他才能够说服民权运动的成员以非暴力的方式推进他们的事业。在那个时期，有很多人试图通过暴力开展这场政治斗争。这完全可以理解，因为直到今天，非裔美国人社群仍然受到长达几个世纪的奴役历史的影响。但是金几乎是单枪匹马地说服了他那个时代的活动家们，用非暴力手段去追求他们的事业，即便有时他们自己也要忍受来自对手的残酷暴力。他完成了这一非凡的壮举，不是靠辩论、鼓吹或者武力，而是靠运用他来之不易的权威。

结果他带来了世界历史上最不同凡响的非暴力政治起义之一。蒙哥马利巴士抵制运动、华盛顿大游行和塞尔马到蒙哥马利大游行，至今仍然是和平政治行动主义的典范，为全世界所效仿。[13]

再说一次，这是一个高级案例，能够说明鼓舞是如何产生影响的。但这也是一个适用于我们每个人的生活的例子。如果你树立了做事有原则、关心正确的事情的名声，人们就会更加愿意跟随你的领导，并认真对待你的观点。

如何鼓舞他人

没有单一的方法可以鼓舞你周围的人。一个人能够成功地鼓舞他人，通常与这个人所处的特定时间和环境有着很大的关系。但是你可以做很多事情，来培养可能鼓舞他人的那种品格。

少说教

针对当下的问题高谈阔论当然是件好事。它也是世界上最容易做到的事情,这在很大程度上要归功于惊人而复杂的信息技术。某天下午,你的推特会推送各种强有力的观点和信念,但其中很多只是空洞的故作姿态。

把你的承诺付诸行动则困难得多,这就是为什么你不常看到这种现象发生。但是真正鼓舞我们的是那些奋起努力、把自己的信念变成现实的人,即使是以一种微不足道的、循序渐进的方式。

这就是戴维·戈特弗里德通过 LEED 做到的事情,也是我通过帮助创立"创意联盟"做到的事情。但是,你不需要为了坚持自己的原则而发起一场运动并达到如此崇高的境界。把你的价值观转化为行动,就像教孩子学数学一样简单。做任何你关注的事情。你可以将利用你在自己熟悉领域里掌握的技能作为起点,这会增加你获得成功的可能性。

一旦这种参与成为你下意识做的事,你的话语便将承载更多的分量。

用你的能力去做好事

我们都有自己擅长的事情,而践行你最根深蒂固的信念的一个方法在于:弄清楚如何将你的天赋运用在某项事业之上。你是个有才华的作家吗?如果是,那么不妨向一家你信任的非营利组织伸出援手,帮助其起草一份令人信服的宣传词。你是理财专家吗?如果是,那么不妨找一种方法,把你的理财智慧传递给社区中面临经济困难的弱势群体。我是做广告的，靠卖啤酒和唇膏为生。即便是我，也能够运用自己的技能去影响社会变革。

无论你擅长什么，都要确保你能够利用这些能力去改善他人的生活，而不仅是为你自己和上司的利益服务。我的好友乔希·库姆斯正是这么做的，并且产生了深远的影响。乔希曾在伦敦一家沙龙做理发师。他一直对城市里那些无家可归的人怀有极大的同情心，但认为自己无力相助。理发师怎么可能对无家可归者产生影响呢？然后，三年前，他有了改变人生的顿悟：如果他利用自己的理发技能去改善伦敦弱势群体的生活会怎样呢？他拿起背包，走到街上，花了一个小时给一个无家可归的人理发。他希望通过这样运用自己的技能，能够给那些最需要信心的人一点儿额外的自信。

但他很快就发现，理发只是一种与人产生联系的工具，可以让他和理发对象都感到开心、满足。当他一遍又一遍地这么做的时候，他把理发看作了解他人，分享自己的激情、恐惧和焦虑的机会。每次理完发之后，乔希和对方都感觉不一样了——多了一点儿人情味，多了一点儿理解，少了一点儿无助感。事实上，当他谈到这个话题时，他强调，他向无家可归的人分享的这些经历对双方而言同样重要。

他开始在照片墙上发布自己的故事，包括理发前后的对比照片，并加上了"#无偿做点儿事"的标签。我就是那时找到他的。显然，我强烈支持用自己的技能去改善这个世界的想法，我想更好地了解乔希。我也想和 Mekanism 的同事分享他在做的事。所以我联系了乔希，邀请他在我们公司的年度峰会上发言。

这次峰会对于我们公司来说是一项非常特殊的活动。这是我们四个办事处的员工每年唯一聚在一起的日子。我们认为这是一个机会，可以从日常工作中抽身，给自己充电，专注于宏大的目标和价值观，最重要的是，从中受到鼓舞。听了乔希的故事，很难不受鼓舞。所以我知道，他肯定会为我们那一年在墨西哥举办的庆祝活动增光添彩。乔希从来没有在一场活动上发表过演讲，但他喜欢这个主意，于是很快就同意了。最终，他引爆全场。

从他发布早期的照片墙帖子以来，乔希的努力已经转变成一场名为"无偿做点儿事"的运动，激励了许多以他为榜样的人采取行动。例如，兽医杰德·斯塔特发起了一场名为"街头兽医"的活动，旨在帮助无家可归的人更好地照顾他们的爱犬，提供从接种疫苗到做手术等所有服务。[14] 与此同时，摄影师塔季扬娜·霍夫曼创办了 There Is Hope Models，这是一家以伦敦无家可归者为特色的模特经纪公司，旨在改变这个城市最弱势群体被人看待的方式，同时也改变他们对自己的看法。[15]

当人们问乔希如何参与"无偿做点儿事"项目时，他的回答很简单：写下你喜欢并擅长的三件事，然后写下你热衷的三个议题。"如果你把它们放在一起，然后观察一段时间，"他说，"你就能很容易地找到把这些点连接起来的方法。"

乔希的例子表明，改善人们此刻的生活，并不需要改变历史的进程。你只需要把一些有价值的东西送给需要帮助的人。即使是像理发这样看似微不足道的事情，也能让人感受到生活的美好。

无论你的能力是什么，运用它们去做些好事吧，这是实现个人完整性、达成目标的最直接的途径。所谓完整性，我指的是当你的能力、行为、价值观和目标达到一致时，你所拥有的那种自身和谐。

找到你的事业

选择一份值得你花费时间和精力的事业可能是一项艰巨的任务。自从我参与社会活动，我就被那些为解决实际问题而从事伟大工作的出色组织以及单干的活动人士的数量震撼了。如何决定将自己的精力放在何处呢？

很可能你已经有了一个自己热衷的议题，或者至少是一个你坚信需要得到更多关注的一般性话题。也许是刑事司法改革，也许是退伍军人权利，也许是罕见疾病。它可能是当地社区所面临的问题，甚至只是你所在街区的问题。首先要做一些研究，了解任何能够自然地吸引你的话题的具体细节。一旦你对这个话题形成了自己有根据的观点，就去找那些以能够引发你共鸣的方式在相关方面取得了进展的组织。像 GiveWell.org 和 Philanthropedia 这样的慈善机构资源网站，可以在你研究的这个阶段提供有用的指导。

在你将清单缩减到只剩几个机构之后，开始深入研究它们的书面材料——研究报告、年度报告，任何你能找到的都可以。如果它们的使命仍然对你有启发，那就给它们打电话，并且和已经参与其中的人谈一谈。最重要的是，问一问你怎样才能帮上忙。

此外，我还建议，你要限定自己只开展一到两份主要的事业。质量比数量更加重要，因此，聚焦于那些你确信自己的贡献会产生最大影响的活动和组织。

接触你的偶像

人们很少与激励他们的偶像取得联系，这一点让我很惊讶。我们倾向于认为那些成就大事的人在某种程度上是超人，具有一些我们凡人所缺乏的特殊能力。但这种思维方式实际上会阻止我们参与一些对我们而言很重要的议题。

心理学家佩内洛普·洛克伍德和齐瓦·孔达研究了榜样和鼓舞之间的关系。他们发现，杰出的人虽然可能是激励的源泉，但也可能"导致气馁和自我消解，而不是我们所期望的鼓舞。当榜样在自己感兴趣的领域取得了难以企及的成功时，就有可能出现这种情况"。[16] 这是有道理的。如果像甘地这样的人才能真正改变世界，那么像你我这样的人还能希望实现什么呢？

但抱持这种态度是错误的。预防这个错误的一个方法在于，主动去接触那些激励你的人。给他们发邮件，给他们发私信，或者在活动结束后走到他们面前介绍自己；开启一场关于你们共同价值观的谈话；问一问他们是如何走到今天这一步的，你能做些什么来效仿他们；请他们去喝咖啡或者共进午餐。

很多时候，这些交往不会产生任何结果。你甚至可能不会收到任何电子邮件回复。但你也可能学到一些东西，甚至开始一段持续多年的关系。在这些情况下，你会发现这些鼓舞人心的人物在很多方面与你自己并没有太大不同，于是，那些认为他们的成就超出了你能力范围的想法就会开始瓦解。我和戴维·戈特弗里德及乔希·库姆斯至今依然是朋友,正是因为我主动去接触他们,我们之间的关系才就此开始发展。

你会惊讶于我们的榜样多么平易近人。我们所尊敬的许多人最喜欢做的就是指导别人并传授自己的知识。因为人们容易胆怯,你会惊奇地发现很少有人真正去接触他们。

随着时间的推移,你会逐渐建立一个人际网络,其中的朋友和对话伙伴都认为做好事和保持个人完整性是生活中正常的一部分。这将帮助你保持同样高的标准。

小结

在所有说服他人采取行动的方法中,鼓舞无疑是影响最深的,而且在很多情况下是最有力量的。如果你能鼓舞他人,你的观点便很容易得到别人的认真对待。你的观点将具有权威的分量。人们会不厌其烦地满足你的要求。你将获得一种影响力,这种影响力远远超出了推销术、花言巧语或者讨价还价。它是一种直接来自你灵魂的说服力。

成为鼓舞的源泉是一项具有挑战性的终身事业,它要求你不断努力地按照你的原则行事。也许最重要的是,鼓舞人心的人拥有抵抗旁观者效应的强大能力,当他们的价值观指示他们采取行动时,他们就会脱离无动于衷的人群。

那些最能鼓舞人心的人符合以下四点:

1. 少说教，多做实事
2. 用他们的能力去做好事
3. 找到能提升他们价值观的事业
4. 接触他们的偶像

如果你养成了这些习惯，并把它们变成日常生活的一部分，你最终就会成为那种向别人提供行动理由的人，而不是那种给别人袖手旁观的借口的人。

你会成为鼓舞的源泉。

总结
原则四：触及灵魂

当今的说服并不一定是一种毫无灵魂的活动。相反，最令人振奋、最激励人心的影响形式，就是那些能够在我们灵魂深处引发共鸣的东西。如果一个人通过他纯粹的人格力量激励了我们，那么我们曾经认为困难的事情就会变得容易，我们曾经认为完全错误的想法就会变得有道理，甚至有吸引力。

这类经历定义了触及灵魂的说服。

结　语

在今天的文化中,"说服"已经变成了一个负面的词,而我自己所在的行业——广告业,也为此做出了不少"贡献"。

说服,尤其是广告,作为一种邪恶活动的概念,至少可以追溯到社会批评家万斯·帕卡德1957年的著作《隐藏的说服者》(*The Hidden Persuaders*)。在这部里程碑式的作品中,帕卡德揭示了那个时代的广告商如何利用心理学研究,把消费者的无意识欲望转化为对自己不利的行为。这是对广告业的一次尖锐控诉,从很多方面来看,可能是我们自食其果。

但《隐藏的说服者》并不是一本关于说服的书。当心理学被用作一种按照你的意志去塑造他人的武器时,这并不是说服,而是操纵。操纵永远是不合情理的。

说服则不同。当你说服别人时,你不会欺骗他们去相信什么,也不会让他们去做一些他们在形势更加明晰之后绝不会做的事情。相反,你是在激励他们根据自己的自由意愿做出明确的选择。你把决定权交给了他们。

当有人促使我们按照自己最坏的倾向(恐惧感、厌恶感或憎根感)行动时,那也是一种说服,而且是一种非常有力量的说服。使用具有说服力的技巧，让人们故意参与非正义的战争，或者让他们不明智地花钱，也是有可能的。说服可以用于好的目的，也可以用于坏的目的。

为什么说服很重要

我们不能忘记，人类历史上一些最积极的成就是通过说服才得以实现的。亚伯拉罕·林肯和罗莎·帕克斯都是说服大师，他们运用自己的能力与明晃晃的道德错误做斗争。如果他们只是简单地等待人们自主地改变自己的想法，那么像奴隶制和种族隔离这样的制度将会留存更长的时间。他们的影响力源于他们自己的品格。

本书的目标之一，在于通过探索一种从我们的品格中最值得称赞和积极的方面，而非从消极性和分歧中获得力量的方法，将说服的理念带入 21 世纪。在最好的情况下，说服是改变人们想法的最积极、最有成效、最合乎道德的方式。它充分尊重一个理念，即我们都是自由平等的个体，有权出于自身原因做出自己的决定。

它也是解决人们当前面临的最具挑战性问题的一个重要工具。我深信，说服是解决目前社会冲突、政治两极分化、恶意分歧和部落主义等问题的唯一方法。

然而，美国大多数全国性大讨论的目的并不在于说服别人。无论是报纸专栏文章还是社交媒体发泄，人们的主要沟通方式只会强化自己现有的信念，并将那些与自己意见相左的人视为低人一等的、落后的甚至邪恶的人。人们的公共辩论已经变成了赢者通吃、势不两立的比赛。这些社会趋势让人们彼此对立，并且把美国的国家机构推向了崩溃的边缘。

这种情况根本是不可持续的，特别是在美国这样一个多元化的、个人主义的国家。如果想要和睦相处，人们就需要让别人采取自己看待事物的方式，但并不是通过强迫他们、羞辱他们或审查他们的言论来实现这一点，而是让他们信服——借助说服的力量。

再谈品格

我们有理由保持乐观，因为当前的形势也凸显了品格的重要性。围绕种族、性别平等和包容性等问题的一系列社会运动，已经开始对我们在私人生活和公共生活中的行为方式提出了更高的期望。那些曾经被忽视的，或者至少是被容忍的个人倾向，比如职场侮辱性言论、种族主义、霸凌和性别歧视，现在大家都难以接受。

与此同时，不道德商业行为也受到了应有的严格审查。旧有的做事方式，无论是对环境不利的制造技术、对工人的剥削，还是对客户数据的粗心使用和不当使用，都受到了责罚。成品或利润不再是商业世界中唯一重要的东西。激励一家公司的价值观，以及这家公司的行为方式，或者说它的品格，现在已经成为获得长久成功的必要因素。

由于这种现代文化的转变，影响力比以往任何时候都更加紧密地与一个人的品格联系在一起。仅仅用你的话语来支持正确的信念是不够的，你需要在日常生活中体现这些信念：你对待周围人的方式，与社群成员和同事的互动方式，以及对来自不同文化、背景和传统的人表示尊重的方式。我们的新规范才刚刚开始形成，仍然有很长的路要走。

当今时代需要触及灵魂的说服

综上所述，目前塑造文化的各种因素使得触及灵魂的说服变得越发迫切。我们都需要成为更加能够触及灵魂的说服者。通往有效说服的道路始于我们自己的品格。如果你想施加影响，你就需要成为那种人们真心想要认同的人——一个有独创性的、慷慨的、有同理心的、触及灵魂的人。遵循下列做法有助于养成相应的习惯。

习惯一：做最特别的自己，这会让别人很难将你看作虚伪的或者爱操纵他人的人，也会让他们觉得你是独一无二的个体。

习惯二：讲故事的力量将帮助你重新定义有争议的问题，并以一种能在人性层面引发共鸣的方式表达你的观点。

习惯三："一定不要成交"和避免"强行推销"将有助于证明你关心的是事情本身，而非你自己的即时收益。

习惯四：在每一次互动中，都试图付出一些东西，从而展现你自己。这会为未来的合作打下基础。

习惯五：积极性的力量抵消了让我们彼此产生隔阂的消极情绪。

习惯六：只要一点点尊重，就能消除你的受众心中"我们对抗他们"的有害想法。

习惯七：总想着"不是我，而是我们"，这是一种能够从别人的角度看问题的能力。做到真正理解别人的观点，你就能满足受众的需求，并引导他们接受一个新的观点。

习惯八：合作会让他人将你视作自己人，并让他们现在和未来都更有可能站在你这一边。

习惯九：要想找到共同点，就要学会把大家看作基本相同的人。这会抑制你自己思想中的部落主义倾向，同时促使他人也做到这一点。

习惯十："技能训练"能让你以高水平技能做每一件事，赋予你一种与生俱来的权威，它会带来真正的影响力。

习惯十一：成为鼓舞的源泉将帮助别人超越他们的常规限制，与你一起积极追求事业。

至关重要的是，不能只在表面上采取这些做法。为了让它们成为说服力的源泉，你需要将它们深深地融入自己的生活方式，让它们变得毫不费力，自然而然，变成下意识的行动。它们必须从你的灵魂中自然流淌而出。

本书的四个原则和十一个习惯，会让你成为一个更积极、更快乐、更有成就感的人。这些特质也会让你在个人生活和职业的很多情境中更具影响力。

强化我们自己的品格，也许不是获取影响力的捷径，却是最有效的途径。

如果你能看到成为一个更有独创性、更慷慨、更有同理心、更能触及灵魂的人的价值，那么你就是被说服了。

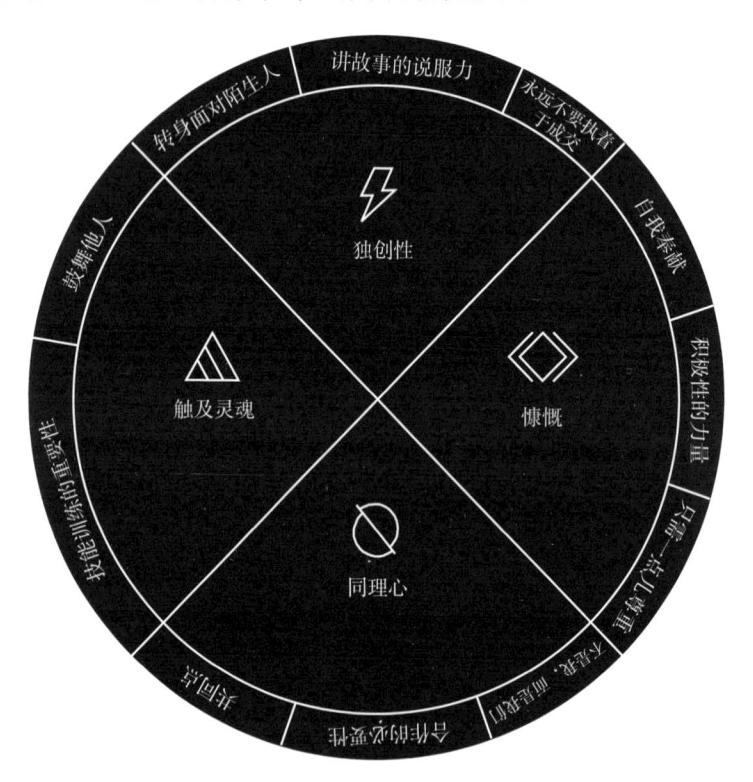

致　谢

《有效说服》是源于个人故事、榜样、事件和深入研究的一本书。感谢我的朋友、家人和同事，是他们帮助我冲过了终点线。

本书的幕后团队成员包括：罗伯特、格蕾琴、斯蒂芬和朱莉娅，以及兰登书屋/Currency出版社的出版团队和我的明星编辑罗杰。

我要感谢卡伦和我们的两个儿子科尔、杰特所给予的耐心和明智的建议。感谢我的父母查克、桑迪还有我的妹妹斯泰茜的意见。我还要感谢Mekanism大家庭，以及13年来不离不弃的合作伙伴汤米、伊恩和皮特。感谢迈克、汤姆和布伦丹的指导，米根、埃玛的营销技巧，以及尼娜的支持。

此外，还要感谢蒂姆·费里斯和瑞安·霍利迪，他们的作品给了我无尽的灵感。

注　释

前　言

1. "Public Trust in Government: 1958–2017," Pew Research Center, December 14, 2017; Art Swift, "Democrats' Confidence in Mass Media Rises Sharply from 2016," Gallup, September 21, 2017.
2. Casey Newton, "America Doesn't Trust Facebook," The Verge, October 27, 2017.
3. Natalie Jackson and Grace Sparks, "A Poll Finds Most Americans Don't Trust Public Opinion Polls," *Huffington Post*, March 31, 2017.
4. Frank Newport, "Congress Retains Low Honesty Rating," Gallup, December 3, 2012.

第一章

1. Rob Sheffield, "Thanks, Starman: Why David Bowie Was the Greatest Rock Star Ever," *Rolling Stone*, January 11, 2016.
2. https://www.nytimes.com/2018/08/29/obituaries/lindsay-kemp-dead.html; https://www.theguardian.com/music/2016/jan/11/david-bowie-death-worldwide-tributes-death-work-of-art.
3. Christopher Mcquade, "'I Loathed It': What David Bowie Learned from His Brief Spell in Adland," The Drum, January 11, 2016.
4. Angela Natividad, "Alligator, Space Invader: The Many Faces of David Bowie in Advertising," *Adweek*, January 11, 2016.

5. Aristotle, *Rhetoric*, trans. W. Rhys Roberts, I.2.
6. Leanne ten Brinke, Dayna Stimson, and Dana R. Carney, "Some Evidence for Unconscious Lie Detection," *Psychological Science* 25, no. 5 (2014).
7. ten Brinke, Stimson, and Carney, "Some Evidence."
8. Pamela Tom, "The Unconscious Mind Can Detect a Liar—Even When the Conscious Mind Fails," news release, Haas School of Business, University of California, Berkeley, March 27, 2014.
9. Paul C. Price and Eric R. Stone, "Intuitive Evaluation of Likelihood Judgment Producers: Evidence for a Confidence Heuristic," *Journal of Behavioral Decision Making* 17, no. 1 (2004): 39–57.
10. Lawrence Hosman, "Powerful and Powerless Speech Styles and Their Relationship to Perceived Dominance and Control," in *The Exercise of Power in Communication: Devices, Reception and Reaction*, edited by Rainer Schulze and Hanna Pishwa, 221–232 (New York: Palgrave Macmillan, 2015).
11. https://video.foxnews.com/v/5309865225001/#sp-show-clips.
12. Ezequias Rocha, "Sean McCabe," *Medium*, March 8, 2013.

第二章

1. Yuval Noah Harari, "Power and Imagination," http://www.ynharari.com/topic/power-and-imagination.
2. Daniel Smith et al., "Cooperation and the Evolution of Hunter-Gatherer Storytelling," *Nature Communications* 8 (2017): 1853.
3. Donald T. Phillips, *Lincoln on Leadership: Executive Strategies for Tough Times* (New York: Warner Books, 1992), 155.
4. Donald T. Phillips, *Lincoln Stories for Leaders: Influencing Others Through Storytelling* (Arlington, TX: Summit, 1997).
5. Doris Kearns Goodwin, *Team of Rivals: The Political Genius of Abraham Lincoln* (New York: Simon and Schuster, 2006), 713.
6. "Kiss—America's #1 Gold Record Award Winning Group of All Time," news release, Recording Industry Association of America, September 15, 2015.

7. Mikey Baird, "Top 10 Krazy Kiss Merchandise," *Hit the Floor Magazine*, May 14, 2014; Kiss action figures: http://www.kissarmywarehouse.com/action_figures_and_toys/; pocketknives: https://www.budk.com/KISS-Black-Folding-Knife-in-Collectible-Tin-14990; lip balm: http://www.kissarmywarehouse.com/the-spaceman-blister-pack-lip-balm/; bank checks: https://www.bradfordexchange-checks.com/products/1801119001-KISSand153-Personal-Check-Designs.html.

8. Keith Caulfield, "15 Surprising Artists Without a No. 1 Album," *Billboard*, August 11, 2014.

9. Melanie C. Green and Timothy C. Brock, "The Role of Transportation in the Persuasiveness of Public Narratives," *Journal of Personality and Social Psychology* 79, no. 5 (2000): 701–721.

10. Jennifer Aaker, "How to Use Stories to Win Over Others" (video), Lean In, https://leanin.org/education/harnessing-the-power-of-stories; Cody C. Delistraty, "The Psychological Comforts of Storytelling," *The Atlantic*, November 2, 2014.

11. Gus Cooney, Daniel T. Gilbert, and Timothy D. Wilson, "The Novelty Penalty: Why Do People Like Talking About New Experiences but Hearing About Old Ones?," *Psychological Science* 28, no. 3 (2017): 380–394.

12. Cooney, Gilbert, and Wilson, "The Novelty Penalty."

13. Cooney, Gilbert, and Wilson, "The Novelty Penalty."

14. Jonathan Haidt, *The Righteous Mind: Why Good People Are Divided by Politics and Religion* (New York: Vintage, 2013), 328.

第三章

1. Tom Peters, "The Brand Called You," *Fast Company*, August 31, 1997.

2. "Maximizing Your Personal Brand," course MKSB1-CE8500, School of Professional Studies, New York University; results of a search on "personal branding" at Coursera, https://www.coursera.org/courses?languages=en&query=personal%20branding.

3. Stacey Ross Cohen, "Personal Branding: A Must for the College-Bound, CEO and Everyone in Between," *Huffington Post*, updated December 6, 2017.

4. https://www.meaningful-brands.com/en.
5. Sivan Portal, Russell Abratt, and Michael Bendixen, "Building a Human Brand: Brand Anthropomorphism Unravelled," *Business Horizons* 61, no. 3 (2018): 367–374.
6. "'I Am a Brand,' Pathetic Man Says," *The Onion*, November 29, 2012.
7. Tristan Cooper, "McDonald's Let the Internet Create Their Own Burgers and Guess What Happened," Dorkly, July 20, 2016.
8. Connor Simpson, "The Internet Wants to Send Pitbull to an Alaskan Walmart," *Atlantic*, June 30, 2012; Sophie Schillaci, "Pitbull 'Exiled' to Alaska, Poses with Stuffed Bear at Walmart," *Hollywood Reporter*, July 30, 2012.
9. Todd Wasserman, "Congrats, Internet: Pitbull Is Going to Alaska," Mashable, July 17, 2012.
10. "Global Trust in Advertising: Winning Strategies for an Evolving Media Landscape," Nielsen, September 2015.
11. Joshua David Stein, "The Unfamous Man Who Made Everything Famous," *GQ*, October 5, 2016.
12. "How a Punch in the Face Sparked Shep Gordon's Incredible Hollywood Career," CBS News, November 12, 2016.
13. Melissa Gomez, "They Bought a Ghost Town for $1.4 Million. Now They Want to Revive It," *New York Times*, July 18, 2018.
14. Elaine Walster and Leon Festinger, "The Effectiveness of 'Overheard' Persuasive Communications," *Journal of Abnormal and Social Psychology* 65, no. 6 (1962): 395–402.
15. Brendan Gahan, "Limbic Resonance—The Science Behind the Success of You-Tubers," December 2, 2014, http://brendangahan.com/limbic-resonance-science-behind-success-youtubers.
16. Rip Empson, "Twitter Buys TweetDeck for $40 Million," TechCrunch, May 23, 2011; Jason Kincaid, "Twitter Acquires Tweetie," TechCrunch, April 9, 2010.
17. "How to Make Ads That Even Savvy Customers Trust," Kellogg Insight, Kellogg School of Management, Northwestern University, April 13, 2017.

第四章

1. Robert B. Cialdini, *Influence: Science and Practice* (Boston: Pearson, 2009), 13.
2. "Principles of Persuasion" (video), https://www.influenceatwork.com/principles-of-persuasion.
3. Christian Smith, "What Makes Us Generous?," news release, University of Notre Dame, May 27, 2014.
4. Acts 20:35.
5. Richard Alan Krieger, ed., *Civilization's Quotations: Life's Ideal* (New York: Algora, 2007).
6. Jordan Michael Smith, "Want to Be Happy? Stop Being So Cheap!," *New Republic*, September 21, 2014; Elizabeth W. Dunn, Lara B. Aknin, and Michael I. Norton, "Prosocial Spending and Happiness: Using Money to Benefit Others Pays Off," *Current Directions in Psychological Science* 23, no. 1 (2014): 41–47; Ashley V. Whillans, Elizabeth W. Dunn, Gillian M. Sandstrom, Sally S. Dickerson, and Ken M. Madden, "Is Spending Money on Others Good for Your Heart?," *Health Psychology* 35, no. 6 (2016): 574–583; Elizabeth Renter, "What Generosity Does to Your Brain and Life Expectancy," *US News and World Report*, May 1, 2015.
7. Andrew W. Delton, Max M. Krasnow, Leda Cosmides, and John Tooby, "Evolution of Direct Reciprocity Under Uncertainty Can Explain Human Generosity in One-Shot Encounters," *PNAS* 108, no. 32 (2011): 13335–13340.
8. Geoffrey Forden, "False Alarms in the Nuclear Age," PBS, November 6, 2001; David Wright, "A Nuclear False Alarm That Looked Like the Real Thing," Union of Concerned Scientists, November 9, 2015.
9. Christian B. Miller, "True Generosity Involves More than Just Giving," Aeon, May 4, 2018.

第五章

1. Robert Mann, "How the 'Daisy' Ad Changed Everything About Political Advertising," *Smithsonian Magazine*, April 13, 2016.

2. Daniel J. O'Keefe and Jakob D. Jensen, "Do Loss-Framed Persuasive Messages Engender Greater Message Processing than Do Gain-Framed Messages? A Meta-Analytic Review," *Communication Studies* 59, no. 1 (2008): 51–67.
3. Stanley Schachter and Jerome E. Singer, "Cognitive, Social, and Physiological Determinants of Emotional State," *Psychological Review* 69, no. 5 (1962): 379–399.
4. John B. Judis, "Nobody Likes Mitt," *New Republic*, September 13, 2012.
5. Lynda Mae, Donal E. Carlston, and John J. Skowronski, "Spontaneous Trait Transference to Familiar Communications: Is a Little Knowledge a Dangerous Thing?," *Journal of Personality and Social Psychology* 77, no. 2 (1999): 233–246.
6. Alison Wood Brooks, "Get Excited: Reappraising Pre-Performance Anxiety as Excitement," *Journal of Experimental Psychology* 143, no. 3 (2014): 1144–1158.

第六章

1. Christine Porath, "Half of Employees Don't Feel Respected by Their Bosses," *Harvard Business Review*, November 19, 2014.
2. "The Rescue of Deputy Moon: Hero Inmates Save Lone Guard as He's Choked by Prisoner in Violent Attack," *Daily Mail*, November 6, 2009.
3. "Inmates Recount How They Saved Deputy from Attack," *Tampa Bay Tribune*, November 5, 2009.
4. Quoted in Edward Alexander Westermarck, *Christianity and Morals* (1931; New York: Routledge, 2013).
5. "The Sentences of Sextus," trans. Frederik Wisse, Nag Hammadi Library, Gnostic Society Library, http://www.gnosis.org/naghamm/sent.html.
6. Quoted in Westermarck, *Christianity and Morals*, 71.
7. Leviticus 19:18.
8. E. M. Bowden, comp., *The Essence of Buddhism* (Girard, KS: Haldeman-Julius, 1922).
9. Gurcharan Das, "Draupadi's Question: Lessons for Public and Corporate Gover-

nance," in *Textuality and Inter-Textuality in the Mahabharata*, edited by Pradeep Trikha (New Delhi: Sarup and Sons, 2006), 121.
10. Jeffrey Wattles, *The Golden Rule* (New York: Oxford University Press, 1996), 192.
11. Porath, "Half of Employees Don't Feel Respected by Their Bosses."
12. William Safire, "On Language: The Elision Fields," *New York Times Magazine*, August 13, 1989.
13. Mariek Vanden Abeele, Marjolijn Antheunis, and Alexander Schouten, "The Effect of Mobile Messaging During a Conversation on Impression Formation and Interaction Quality," *Computers in Human Behavior* 62 (2016): 562–569.
14. Varoth Chotpitayasunondh and Karen M. Douglas, "The Effects of 'Phubbing' on Social Interaction," *Journal of Applied Social Psychology* (online), January 24, 2018, DOI: 10.1111/jasp.12506.
15. Suzanne Wu, "Was It Smart to Use Your Phone at That Meeting?," news release, University of Southern California, October 24, 2013.
16. Andrea Park, "Disney Drops Director James Gunn from 'Guardians of the Galaxy' over Offensive Tweets," CBS News, July 20, 2018.
17. Alison Mitchell, "Impeachment: The Overview—Clinton Impeached; He Faces a Senate Trial, 2d in History; Vows to Do Job till Term's 'Last Hour,' " *New York Times*, December 20, 1998.
18. "Anthony Weiner Scandal: A Timeline," CNN, updated August 30, 2016.

第七章

1. Shanto Iyengar, Gaurav Sood, and Yphtach Lelkes, "Affect, Not Ideology: A Social Identity Perspective on Polarization," *Public Opinion Quarterly* 76, no. 3 (2012): 405–431.
2. Lynn Vavreck, "A Measure of Identity: Are You Married to Your Party?," *New York Times*, January 31, 2017.
3. "Trayvon Martin Shooting Fast Facts," CNN, updated June 5, 2013.
4. Amy Davidson Sorkin, "'If I Had a Son, He'd Look Like Trayvon,' " *New Yorker*, March 23, 2012.

5. Sorkin, " 'If I Had a Son.' "
6. Bill Demain, "Ten Days in a Madhouse: The Woman Who Got Herself Committed," Mental Floss, May 2, 2011.
7. "Empathy Is Key to Political Persuasion, Shows New Research," news release, Rotman School of Management, University of Toronto, November 11, 2015.
8. "Empathy Is Key to Political Persuasion."
9. "Empathy Is Key to Political Persuasion."
10. Cal Fussman, "5 Tips to Develop Your Own Big Questions," https://convertkit.s3.amazonaws.com/landing_pages/incentives/000/361/656/original/CalFussman_5Tips.pdf?1533062919.
11. Richard Feldman, "Charity, Principle Of," *Routledge Encyclopedia of Philosophy* (online).

第八章

1. Henri Tajfel, "Social Psychology of Intergroup Relations," *Annual Review of Psychology* 33 (1982): 23.
2. James H. Stark and Douglas N. Frenkel, "Changing Minds: The Work of Mediators and Empirical Studies of Persuasion," *Ohio State Journal on Dispute Resolution* 28 (2013): 263–356.
3. E. Aronson, "The Power of Self-Persuasion," *American Psychologist* 54, no. 11 (1999): 875–884.
4. https://psycnet.apa.org/record/1970-10278-001.
5. Pew Research Center, "Changing Attitudes on Gay Marriage," June 26, 2017.
6. "In-Depth Topics A to Z: Marriage," Gallup, https://news.gallup.com/poll/117328/marriage.aspx.
7. Adam Liptak, "Supreme Court Ruling Makes Same-Sex Marriage a Right Nationwide," *New York Times*, June 27, 2015.
8. Alex Tribou and Keith Collins, "This Is How Fast America Changes Its Mind," Bloomberg, updated June 26, 2015.
9. Pew Research Center, "Where the Public Stands on Religious Liberty vs.

Nondiscrimination," September 28, 2016.

10. Daniel Cox and Harmeet Kamboj, "How Social Contact with LGBT People Impacts Attitudes on Policy," Public Religion Research Institute, June 7, 2017.
11. Joe Otterson, "TV Ratings: Super Bowl LII Slips 7% from 2017 to 103.4 Million Viewers," *Variety*, February 5, 2018.
12. Bradley Johnson, "Big Game Punting: Super Bowl Scores $5.4 Billion in Ad Spending over 52 Years," *Ad Age*, January 11, 2018.
13. Tanza Loudenback, "Middle-Class Americans Made More Money Last Year than Ever Before," *Business Insider*, September 12, 2017.
14. Ben Franklin, *The Autobiography of Ben Franklin*, ed. Frank Woodward Pine (New York: Henry Holt, 1916), Chapter X.
15. Yu Niiya, "Does a Favor Request Increase Liking Toward the Requester?," *Journal of Social Psychology* 156, no. 2 (2016): 211–221.
16. Shana Lebowitz, "A Psychologist Says a Small Tweak to the Questions You Ask Your Boss Can Make Them Think Better of You," *Business Insider*, September 15, 2016.
17. Wendy Liu and David Gal, "Bringing Us Together or Driving Us Apart: The Effect of Soliciting Consumer Input on Consumers' Propensity to Transact with an Organization," *Journal of Consumer Research* 38, no. 2 (2010): 242.
18. "All the Great Mad Men Era Volkswagen Ads," BuzzFeed, September 1, 2013.

第九章

1. National Human Genome Research Institute, "Frequently Asked Questions About Genetic and Genomic Science," https://www.genome.gov/19016904/faq-about-genetic-and-genomic-science.
2. Sha Be Allah, "Today in Hip Hop History: Kool Herc's Party at 1520 Sedgwick Avenue 45 Years Ago Marks the Foundation of the Culture Known as Hip Hop," *The Source*, August 11, 2018.
3. Amos Barshad, "Rude Boys," *New York Magazine*, April 24, 2011.
4. Sha Be Allah, "Today in Hip-Hop History: Run-DMC Drops 'Walk This Way'

Featuring Aerosmith 31 Years Ago," *The Source*, July 4, 2017.
5. Samir Meghelli, "Hip-Hop à la Française," *New York Times*, updated October 15, 2013; Johann Voigt, "From Russia with Flow: How Rap Became Russia's Most Important Genre," *Noisey*, March 22, 2018; Victoria Namkung, "Seoul's Bumping B-Boy Scene," *New York Times*, December 16, 2017; P. Khalil Saucier and Kumarini Silva, "Keeping It Real in the Global South: Hip-Hop Comes to Sri Lanka," *Critical Sociology* 40, no. 2 (2014): 295–300.
6. Jay-Z, *Decoded* (New York: Spiegel & Grau, 2010).
7. Nick Joyce and Jake Harwood, "Context and Identification in Persuasive Mass Communication," *Journal of Media Psychology* 26, no. 1 (2014): 50–57.
8. Naina Bajekal, "Silent Night: The Story of the World War I Christmas Truce of 1914," *Time*, December 24, 2014.
9. David Brown, "Remembering a Victory for Human Kindness," *Washington Post*, December 25, 2004.
10. Nadège Mougel, "World War I Casualties," trans. Julie Gratz, Centre Européen Robert Schuman, 2011.
11. Peter Kaufman, "The Similarities Project," *Everyday Sociology Blog*, December 5, 2011, http://www.everydaysociologyblog.com/2011/12/the-similarities-project.html.
12. Kaufman, "The Similarities Project."
13. Kaufman, "The Similarities Project."
14. Dan Primack, "Unilever Buys Dollar Shave Club for $1 Billion," *Fortune*, July 19, 2016.

第十章

1. Anita Elberse and Jeroen Verleun, "The Economic Value of Celebrity Endorsements," *Journal of Advertising Research*, June 2012, 149–165.
2. Kenneth T. Walsh, "Tom Hanks Is Most Trusted American, Obama Far Behind," *US News and World Report*, May 9, 2013.
3. Tim Ferriss, "How to Breakdance 101: Unleash Your Inner B-Boy," Octo-

ber 25, 2009, https://tim.blog/2009/10/25/how-to-breakdance-101; Tim Ferriss, "How to Lose 30 Pounds in 24 Hours: The Definitive Guide to Cutting Weight," January 18, 2008, https://tim.blog/tag/dehydration.
4. "Hack," Techopedia, https://www.techopedia.com/definition/27859/hack-development.
5. Nat Eliason, "No More 'Struggle Porn,'" Medium, October 18, 2018.
6. "Company Info," Patagonia, https://www.patagonia.com/company-info.html.
7. Jon Porter, "The New MacBook Air and Mac Mini Are Made of 100 Percent Recycled Aluminum," The Verge, October 30, 2018; Nick Statt, "Apple Says It's Now Powered by 100 Percent Renewable Energy Worldwide," The Verge, April 9, 2018.
8. Walmart, "2018 Global Responsibility Report."
9. K. Anders Ericsson, Michael J. Prietula, and Edward T. Cokely, "The Making of an Expert," *Harvard Business Review*, July–August 2007.
10. Mike Berardino, "Mike Tyson Explains One of His Most Famous Quotes," *Sun-Sentinel*, November 9, 2012.

第十一章

1. Andrew Wolfson, "Muhammad Ali Lost Everything in Opposing the Vietnam War. But in 1968, He Triumphed," *USA Today*, February 19, 2018.
2. Jim Weeks, "How Muhammad Ali Stunned the World at the Rumble in the Jungle," Vice Sports, June 29, 2017.
3. Stephanie Merry, "Her Shocking Murder Became the Stuff of Legend. But Everyone Got the Story Wrong," *Washington Post*, June 29, 2016.
4. John M. Darley and Bibb Latané, "Bystander Intervention in Emergencies: Diffusion of Responsibility," *Journal of Personality and Social Psychology* 8 (1968): 377–383.
5. Darley and Latané, "Bystander Intervention in Emergencies."
6. Jennifer M. Wood, "15 Inspiring Quotes from Rosa Parks," Mental Floss, February 4, 2018.

7. "63 Years Ago, Rosa Parks Stood Up for Civil Rights by Sitting Down," CNN, December 1, 2018.
8. U.S. Green Building Council, "Up-to-Date, Official Statistics About USGBC Programs," October 2017, https://www.usgbc.org/articles/usgbc-statistics.
9. U.S. Green Building Council, "Benefits of Green Building," https://www.usgbc.org/articles/green-building-facts.
10. U.S. Green Building Council, "Benefits of Green Building."
11. Mairi Beautyman, "Write Your Own Eulogy, Says Father of LEED David Gottfried to a Crowd in Las Vegas," TreeHugger, June 17, 2008.
12. Better Make Room, https://www.bettermakeroom.org; Stand Stronger, https://committocitizenship.org; The United State of Women, https://www.theunitedstateofwomen.org.
13. "About Dr. King Overview," The King Center, http://www.thekingcenter.org/about-dr-king; Emily Wax, "Martin Luther King's Nonviolent Civil Rights Efforts Still Inspire Across Globe," *Washington Post*, July 27, 2011.
14. "About StreetVet," https://www.streetvet.co.uk/about.
15. "About T|H Models," http://www.tihmodels.com/about.
16. Penelope Lockwood and Ziva Kunda, "Superstars and Me: Predicting the Impact of Role Models on the Self," *Journal of Personality and Social Psychology* 73, no. 1 (1997): 91–103.